Mirada en lo que es

Martin Heidegger

Mirada en lo que es

Conferencias de Bremen de 1949

Traducción y glosario
JESÚS ADRIÁN ESCUDERO

Herder

Título original: Einblick in das was ist. Bremer Vorträge 1949
Traducción: Jesús Adrián Escudero
Diseño de la cubierta: Ferran Fernández

© *«Die Gefahr», Vittorio Klostermann GmbH, Frankfurt del Meno*
© *«Das Ding», «Die Kehre», «Das Ge-Stell», Klett-Cotta, J.G. Cotta'sche*
   Buchhandlung Nachfolger GmbH, Stuttgart
© *2026, Herder Editorial, S. L., Barcelona*

ISBN: 978-84-254-5256-7

Imprenta: Sagrafic
Depósito legal: B-6.451-2026
Printed in Spain – Impreso en España

Herder
www.herdereditorial.com

Índice

Nota sobre la presente edición

Las conferencias de Bremen se pronunciaron el 1 de diciembre de 1949 durante una velada organizada por el Club zu Bremen ante un selecto grupo de líderes industriales y representantes de compañías navieras. Estas lecciones constituyen la primera aparición pública de Heidegger desde que el informe del Comité de Depuración de la Universidad de Friburgo del 1 de agosto de 1945 propusiera su jubilación honoraria con la posibilidad de mantener una actividad docente limitada.[1] Fue en este club, en frente de una audiencia que reunió a algunos de los empresarios más ricos de Alemania, en el que Heidegger expresó sus críticas más severas sobre la técnica, la moderna sociedad industrial y la cultura de la mercancía. La atmósfera que rodeaba la presentación de Heidegger en el Club zu Bremen era vibrante. A finales del verano de 1949, el presidente del club le extendió una invitación para que compartiera sus últimos trabajos

[1]   Posteriormente, sobre la base del informe de Jaspers, el Senado de la universidad resolvió el 19 de enero de 1946 la jubilación honoraria con denegación de la habilitación docente. Y, finalmente, el 28 de diciembre de 1946 la administración militar francesa dictó la prohibición de enseñar.

e inquietudes filosóficas. A mediados de octubre de ese mismo año, Heidegger envió una carta a su antiguo estudiante y amigo Heinrich Wiegand Petzet describiendo el tema que pretendía exponer en Bremen. Quería presentar algo completamente nuevo, algo que fuera más allá de las cuestiones planteadas en su conocido ensayo *La época de la imagen del mundo* (1938). El hilo conductor de las conferencias iba a desplegarse en torno a la naturaleza y el estatuto ontológico de la cosa. Esta cuestión forma la base del ciclo de cuatro conferencias reunidas bajo el título *Mirada en lo que es*. Al examinar estas conferencias, a las que Heidegger dedicó mucho tiempo de preparación, los lectores podrán comprobar que este ciclo conforma una unidad temática bien definida.

En términos de contenido, las conferencias presentan públicamente por primera vez algunos de los resultados de las reflexiones heideggerianas de finales de la década de 1930 y principios de 1940. Se trata de reflexiones que luego cristalizan en escritos, ensayos y conferencias de la década de 1950 tan conocidas como: *Caminos de bosque* (1950), *Construir, habitar, pensar* (1951), *La pregunta por la técnica* (1953), *Serenidad* (1955) y *Camino del lenguaje* (1959). En este sentido, para los lectores poco familiarizados con la obra heideggeriana, las conferencias de Bremen pueden servir como una de las introducciones más significativas y accesibles al pensamiento tardío de Heidegger. En estas conferencias, por ejemplo, se formula por primera vez su comprensión de la «cosa» (*Ding*) como la reunión de la cuaternidad (*Geviert*) y se define la esencia de la técnica en términos de engranaje (*Ge-Stell*). Heidegger anuncia el advenimiento de la era tecnológica, que se caracteriza por dos aspectos fundamentales: por una parte, la ruptura con la filosofía moderna y su concepción representacional de la realidad y, por otra parte, la forma en que la técnica contemporánea reduce las cosas a simples mercancías y, por ende, convierte la naturaleza en un fondo disponible de recursos puesto al servicio humano.

* * *

Los textos aquí traducidos reproducen la versión completa del ciclo de conferencias de Bremen publicado en el volumen 79 de las *Obras completas* (*Gesamtausgabe*) de Martin Heidegger.[2] Este ciclo de conferencias, reunidas bajo el título *Mirada en lo que es*, se celebró el 1 de diciembre de 1949 en el Club de Bremen y se repitió el 25 y el 26 de marzo de 1950 en Bühlerhöhe.[3] Las conferencias pronunciadas se titulan: «La cosa», «El engranaje», «El peligro» y «El viraje».

La *primera* conferencia, «La cosa» (*Das Ding*), también se mantuvo en una versión ligeramente ampliada bajo el título «Sobre la cosa» en la Academia Bávara de las Bellas Artes de Múnich el 6 de junio de 1950, que luego se publicó en 1954 en el volumen colectivo *Conferencias*

---

2 M. Heidegger, *Einblick in das was ist. Bremer Vorträge 1949*. En *Bremer und Freiburger Vorträge* (GA 79), Fráncfort del Meno, Vittorio Klostermann, 1994 (^{2}2005), pp. 3-77.

3 Tanto en Bremen como en Bühlerhöhe Heidegger redujo la serie, concebida para cuatro conferencias, a dos (tal como queda atestiguado por cartas de Heidegger a Max Bense y a su hermano Fritz).

y artículos. La *segunda* conferencia, «El engranaje» (*Das Ge-Stell*), sirvió de base a la conferencia completamente reelaborada y ampliada de *La pregunta por la técnica,* pronunciada el 18 de noviembre de 1953 en la mencionada academia en el marco de la serie titulada *Las artes en la época técnica*. Esta última conferencia también se publicó en 1954 en el volumen colectivo *Conferencias y artículos*, e incluso se volvió a reeditar en 1962 en el libro *La técnica y el viraje*. La *tercera* conferencia, «El peligro» (*Die Gefahr*), como escribe el propio Heidegger, no llegó a pronunciarse, es decir, no se impartió en Bremen y, por tanto, permaneció inédita. La *cuarta* conferencia, «El viraje» (*Die Kehre*), se publicó en 1962 en la misma edición de *La técnica y el viraje*. Se pueden encontrar más detalles sobre las conferencias y el estado de los manuscritos en el epílogo de la editora alemana.[4]

En la actualidad, existen una traducción inglesa y una italiana de las conferencias de Bremen.[5] En el primer caso se trata de la traducción de Andrew J. Mitchell (*Bremen and Freiburg Lectures. Insight Into That What Is and Basics Principles of Thinking*, Bloomington [IN], Indiana University Press, 2012, pp. 3-75) y en el segundo tenemos la traducción de Giovanni Gurisatti en una edición preparada por Franco Volpi (*Conferenze di Brema*

4   Véase P. Jaeger, «Nachwort der Herausgeberin», en *Bremer und Freiburger Vorträge* (GA 79), Fráncfort del Meno, Vittorio Klostermann, 1994 (²2005), pp. 177-181.

5   A título informativo, también existe una traducción japonesa y una china del volumen 79 de las *Obras completas* de Heidegger.

e Friburgo, Milán, Adelphi, 2002, pp. 14-86). Asimismo, existen diferentes traducciones de algunas de las conferencias contenidas en el volumen de las conferencias de Bremen. Aquí podemos mencionar las siguientes: (1) la traducción francesa de la conferencia «El engranaje» a cargo de Servanne Jollivet («Le dispositif», *Dans Po&sie* 1, n.º 115 [2006], pp. 7-24) y la castellana de Francisco Ugarte («Lo dis-puesto», *Aoristo. International Journal of Phenomenology, Hermeneutics and Metaphysics* 5/1 [2022], pp. 238-253); (2) la traducción francesa de la conferencia «El viraje» de Jean Beaufret, François Fédier *et al.* («Le tournant», en *Questions* IV, París, Gallimard, 1976) y la castellana de Francisco Soler («La vuelta», *Revista de Filosofía* 20 [2016], pp. 109-116); (3) la traducción castellana de la conferencia «La cosa» de Eustaquio Barjau («La cosa», en *Conferencias y artículos*, Barcelona, Serbal, 1994, pp. 143-159); (4) la traducción francesa de la conferencia «El peligro» de Hadrien France-Lanord («Le péril», *L'Infini* 95 [2006]).

En muchos casos, estas cuatro conferencias condensan el grueso de los conceptos acuñados y desarrollados por el Heidegger tardío, tales como «cuaternidad» (*Geviert*), «engranaje» (*Ge-Stell*), «fondo permanente» (*Bestand*), «abandono» (*Verwahrlosung*) o «acontecimiento» (*Ereignis*), por citar algunos ejemplos. Se trata de conceptos y juegos de palabras que precisan aclaraciones adicionales para explicar y justificar las opciones de traducción escogidas en cada caso. Para no sobrecargar el texto con un denso listado de notas a pie de página, se ha optado por añadir al final de la presente edición un breve apartado de notas aclaratorias. Ahí se explican y justifican algunas de las soluciones de traducción empleadas en cada caso.

En interés de la legibilidad, la división de términos por guion —como en los casos de *Er-eignis*, *Unter-Schied* y *Ge-Stell*— no siempre se ha mantenido en el texto. La capitalización del texto griego reproduce el uso propio de Heidegger, que no sigue la práctica alemana de capitalizar todos los sustantivos. La numeración de la paginación del texto original alemán se coloca en los márgenes. Las palabras y los conceptos entre corchetes que aparecen en el cuerpo del texto son del traductor. Las cursivas y las notas a pie de página son del autor, excepto aquellas en las que se indica que son de la editora alemana o del traductor.

Finalmente, los lectores apreciarán que algunas palabras están marcadas con un asterisco. Se trata de palabras y términos clave que se aclaran parcialmente en el Glosario terminológico abreviado, añadido al final de la presente edición, y cuya versión completa (acompañada de un prólogo) puede encontrarse en la ficha del libro en nuestra página web www.herdereditorial.com.

Quisiera expresar mi agradecimiento a mi colega Jorge Acevedo por su atenta lectura de la traducción y sus sugerencias de mejora. Y también a mi maestro y buen amigo, Raúl Gabás Pallás, quien con paciencia y muchos años de dedicación me ha enseñado a desentrañar los entresijos de la traducción filosófica.

Mirada en lo que es

Conferencias de Bremen de 1949

Todas las distancias en el tiempo y en el espacio se reducen. Hoy, con el avión, basta una noche de vuelo para alcanzar el mismo destino que en el pasado requería semanas y meses de viaje. Las noticias que una persona recibía pasados unos años, si es que alguna vez llegaba a recibirlas, ahora se difunden a todas horas por la radio en un instante. La germinación y el florecimiento de las plantas, que permanecían ocultos a lo largo de las estaciones, ahora se exhiben públicamente en el cine en el transcurso de un minuto. El cine muestra los lugares lejanos de las más antiguas civilizaciones como si estuvieran presentes justo ahora en medio del tráfico urbano de nuestros días. Además, el cine da pruebas de lo que muestra al exhibir simultáneamente la cámara de filmación junto con el operador que la maneja mientras desempeña su trabajo. La culminación de esta supresión de cualquier distancia se alcanza con la televisión, que pronto atravesará y dominará toda la estructura y el tráfico de las comunicaciones.

El ser humano recorre los trayectos más largos en el menor tiempo. Supera las distancias más grandes y, de este modo, pone todo a disposición de una distancia mínima.

Sin embargo, la apresurada supresión de las distancias no trae ninguna cercanía; porque la cercanía no consiste en acortar la distancia. Lo que, gracias a la imagen cinematográfica y al sonido de la radio, se encuentra a una mínima distancia de nosotros en términos espaciales, puede permanecer lejos de nosotros. Lo que parece estar a una distancia extremadamente lejana en términos espaciales, puede estar muy cerca de nosotros. Una distancia corta no implica necesariamente cercanía. Una gran distancia aún no es lejanía.

¿Qué es la cercanía, cuando a pesar de la reducción de las distancias más largas sigue ausente en las distancias más cortas? ¿Qué es la cercanía, cuando es incluso repelida por la constante supresión de las distancias? ¿Qué es la cercanía, cuando con su ausencia también se desvanece la lejanía?

¿Qué ocurre cuando, al eliminar las grandes distancias, todo se encuentra igualmente lejos y cerca? ¿En qué consiste esta uniformidad en la que nada está ni cerca ni lejos, como si no hubiera distancia?

Todo se confunde en la uniforme ausencia de distancia. ¿Cómo? ¿No es este acercamiento a lo que carece de distancia aún más inquietante que un desmoronamiento de todo? Observamos atónitos lo que podría suceder con la explosión de la bomba atómica. Sin embargo, no vemos lo que ya *ha* ocurrido desde hace tiempo e incluso lo que *está* ocurriendo tras el lanzamiento de la bomba atómica y su explosión, por no hablar de la bomba de hidrógeno, cuya detonación, pensada en su posibilidad más extrema, podría llevar a la extinción de toda forma de vida en la tierra. ¿A qué espera esta angustia desconcertante, si lo aterrador ya *ha* sucedido?

Lo aterrador es aquello que desposee de su anterior esencia a todo lo que es. ¿Qué es esto aterrador? Se muestra y se oculta en la forma en que cada cosa se manifiesta, es decir, en el hecho de que, a pesar de los intentos de superar las distancias, la cercanía de lo que es permanece ausente.

LA COSA

¿Qué pasa con la cercanía? ¿Cómo podemos experimentar su esencia? La cercanía, así parece, no se revela de forma inmediata. Es más probable que la descubramos al explorar lo que se encuentra en la cercanía. En la cercanía encontramos lo que solemos llamar cosas.* Pero ¿qué es una cosa? ¿Desde hace cuánto tiempo el ser humano ha observado e interrogado las cosas, de cuántas maneras diferentes las ha utilizado, incluso ha abusado de ellas? Y guiado por estas intenciones, ¿con qué insistencia ha explicado luego las cosas, es decir, las ha reducido a sus causas? El ser humano ha estado procediendo con las cosas de esta manera durante mucho tiempo. De hecho, todavía lo hace, pero nunca se ha detenido a pensar en la cosa *como cosa*.

Hasta ahora, el ser humano no ha pensado a fondo en la cosa como cosa y tampoco ha pensado mucho en la cercanía. Una cosa es la jarra. ¿Qué es la jarra? Decimos que es un recipiente; algo que contiene y acoge en su interior algo más. Lo que en la jarra acoge son el fondo y las paredes. A su vez, este elemento acogedor puede agarrarse por el asa. Como recipiente, la jarra es algo que está en sí misma. Este estar-en-sí-mismo* caracteriza a la jarra como algo autónomo. Como algo autónomo que puede existir de manera independiente, la jarra se distingue de un objeto.* Algo autónomo puede convertirse en objeto si lo colocamos delante de nosotros, ya sea en una percepción sensible inmediata, ya sea en un acto de rememoración. Sin embargo, la cosidad de la cosa no descansa ni en el hecho de que una cosa se convierta en objeto de una representación, ni en el hecho de que pueda determinarse desde la objetividad* del objeto. Esto es cierto incluso cuando no atribuimos su estar-frente-a-nosotros [*Gegenstehen*] a un acto de nuestra representación, sino que lo consideramos como una característica propia del objeto [*Gegenstand*].

La jarra sigue siendo un recipiente, tanto si nos la representamos como si no. Como recipiente, la jarra está en sí misma. Pero ¿qué significa que lo que acoge está en sí mismo? ¿Acaso el estar-en-sí-mismo del recipiente define ya la jarra como una cosa? La jarra solo se sostiene como recipiente en la medida en que ha sido creada para estar en pie. Esto sucede y tiene lugar por medio de un disponer,* es decir, por medio de un producir. El alfarero elabora la jarra de barro con la tierra seleccionada y preparada específicamente para este propósito. La jarra está compuesta de esta tierra. A partir de su composición, la jarra también puede estar sobre la tierra —ya sea de manera directa, ya sea de manera indirecta por medio de una mesa y un banco de trabajo. Lo que está ahí en virtud de este producir es el estar-en-sí-mismo. Si tomamos la jarra como un recipiente producido, entonces parece que la concebimos como una cosa y no simplemente como un mero objeto.

¿O acaso no seguimos tomando la jarra como un objeto? Sin duda. Es cierto que ahora ya no es solo objeto de una mera representación, pero sigue siendo un objeto que se nos presenta y contrapone por medio de un proceso de producción. El estar-en-sí-mismo parecía caracterizar a la jarra como cosa. Pero en realidad estamos pensando este estar-en-sí-mismo a partir de la producción. El proceso de producción apunta precisamente al estar-en-sí-mismo. Por tanto, el estar-en-sí-mismo, a pesar de todo, sigue siendo pensado en términos de objetividad, aunque el estar frente a lo que se produce ya no se funda en una mera representación. De hecho, no hay camino que, desde la objetividad del objeto y su autonomía, nos conduzca a la cosidad de la cosa.

¿Qué es lo cósico de la cosa? ¿Qué es la cosa en sí misma? Solo podemos acceder a la cosa en sí después de que nuestro pensamiento haya primero aprehendido la cosa como cosa.

La jarra es una cosa en cuanto recipiente. Es cierto que este elemento contenedor necesita ser producido. Pero el hecho de que haya sido producida por el alfarero no constituye en modo alguno lo que es propio de la jarra en cuanto jarra. La jarra no es un recipiente porque haya sido producida, sino que tuvo que ser producida porque es este recipiente.

No hay duda de que la producción permite que la jarra muestre su propia esencia. Ahora bien, la esencia propia de la jarra nunca es creada por la producción. Una vez desvinculada de la fabricación, la jarra se reúne en su capacidad de contener. En el proceso de producción, la jarra tiene primero que mostrar su aspecto al productor. Pero este mostrarse, este aspecto (el εἶδος, la ἰδέα), caracteriza a la jarra únicamente en el sentido de que el recipiente se opone a la producción como aquello que debe ser fabricado.

Sin embargo, la naturaleza del recipiente que tiene este aspecto de jarra, así como lo que es y cómo es la jarra como esta cosa-jarra, nunca puede experimentarse y mucho menos pensarse adecuadamente a partir de su aspecto, la ἰδέα. De ahí que Platón, al igual que Aristóteles y todos los pensadores posteriores, no logra captar la esencia de la cosa al concebir la presencia de lo presente partiendo del aspecto. De hecho, Platón —de una manera que resultó decisiva para las épocas posteriores— experimentó todo lo que está presente como un objeto creado por un productor. En lugar de objeto, diremos de un modo más preciso: lo pro-veniente* [*Her-stand*]. En la plena esencia del pro-venir opera un doble pro-venir: por una parte, el pro-venir en el sentido de «proceder de…», «tener su origen en…», ya sea una manifestación de sí mismo, ya sea un proceso de producción; por otra parte, el pro-venir en el sentido de cómo se manifiesta lo producido en el desocultamiento de lo ya presente.

Sin embargo, ninguna representación de lo presente en el sentido de lo que es producido y de lo que es objetivo logra captar la cosa en cuanto cosa. La cosidad de la jarra reside en que es un recipiente. Nos damos cuenta de su capacidad de contener y acoger cuando llenamos la jarra. El fondo y las paredes de la jarra asumen la función de contener y acoger. ¡Pero cuidado! Cuando llenamos la jarra con vino, ¿vertemos el vino en las paredes y en el fondo? En todo caso, vertemos el vino entre las paredes y sobre el fondo. Las paredes y el fondo son evidentemente lo impermeable de la jarra. Pero lo impermeable no es todavía lo que contiene y acoge. Cuando llenamos la jarra hasta el borde, el líquido vertido fluye en la jarra vacía. El vacío es lo que 8 acoge en el recipiente. El vacío, esta nada de la jarra, es lo que permite que la jarra cumpla su función como recipiente que acoge.

Ahora bien, la jarra consta de paredes y fondo. La jarra se mantiene en pie gracias a los elementos de los que consta. ¿Qué sería una jarra que no se mantuviera en pie? Cuando menos sería una jarra defectuosa; pero seguiría siendo una jarra que, aunque pudiera contener y acoger, dejaría que el recipiente derramara constantemente su contenido. Pero solo un recipiente puede derramar.

Las paredes y el fondo que conforman la jarra, y gracias a los cuales se mantiene erguida, no son lo que verdaderamente acoge. Si lo que contiene depende del vacío de la jarra, entonces el alfarero, que da forma a las paredes y el fondo con ayuda del torno, no fabrica realmente la jarra. Solo da forma al barro. No, de hecho, da forma al vacío. A través de este vacío, dentro de él y en función de él moldea el barro dándole la forma de recipiente. El alfarero capta primero y principalmente lo inaprehensible en el vacío y lo convierte en un elemento que contiene en la forma de un recipiente. El vacío de la jarra determina cada gesto de la producción. La cosidad del recipiente no depende en modo alguno de la materia de la que está hecho, sino del vacío que acoge.

¿Pero está realmente vacía la jarra?

La ciencia física nos asegura que la jarra está llena de aire y de todo lo que compone la mezcla del aire. Al referirnos al vacío de la jarra, nos dejamos engañar por una consideración poética de las cosas.

Sin embargo, cuando decidimos examinar la realidad de la jarra desde una perspectiva científica, se pone de manifiesto un estado de cosas diferente. Al verter el vino en la jarra, el aire que llena la jarra es simplemente desplazado y sustituido por un líquido. Desde el punto de vista científico, llenar la jarra significa reemplazar un contenido por otro.

Estas descripciones de la física son correctas y permiten a la ciencia elaborar una representación objetiva de la realidad. Pero ¿es la jarra esto real? No. La ciencia solo admite aquello que su modo de representación reconoce de antemano como objeto posible para ella.

Se dice que el saber proporcionado por la ciencia es indiscutible. Ciertamente. Pero ¿en qué consiste su carácter indiscutible? En nuestro caso, en obligarnos a abandonar la jarra llena de vino y a sustituirla por un espacio vacío en el que se expande un líquido. La ciencia convierte la cosa-jarra en algo irrelevante, porque no admite que las cosas sean el criterio determinante.

En su ámbito, el de los objetos, el saber indiscutible de la ciencia ha aniquilado las cosas como cosas mucho antes de que explotara la bomba atómica. La explosión de la bomba atómica es solo la confirmación más cruda de una aniquilación de la cosa que ocurrió hace mucho tiempo, es decir, la confirmación de que la cosa como cosa queda anulada. Esta aniquilación resulta tan perturbadora porque encierra dos engaños: por una parte, la opinión de que la ciencia, por encima de cualquier otra experiencia, capta lo real en su realidad; por otra parte, la pretensión de que las cosas podrían ser cosas al margen de la investigación científica sobre la realidad, lo que presupone que las cosas alguna vez se manifestaron como tales. Si las cosas realmente se hubieran manifestado alguna vez como cosas, la cosidad de la cosa habría quedado patente y habría reclamado la atención del pensamiento. Pero en realidad, la cosa como cosa permanece negada, anulada y, en este sentido, aniquilada. Esto ha ocurrido y ocurre de tal manera que las cosas ya no solo no son reconocidas como tales, sino que hasta ahora nunca han podido aparecer realmente como cosas.

¿Cuál es la razón por la que la cosa no se manifiesta como tal? ¿Acaso el ser humano ha olvidado representar la cosa como cosa? El ser humano solo puede olvidar lo que ya le ha sido asignado. El ser humano solo es capaz de representar, no importa de qué manera, aquello que ya se ha revelado por sí mismo y se ha mostrado en la luz que trae consigo esa revelación.

¿Qué es entonces la cosa como cosa si su esencia [10] nunca se ha mostrado?

¿Es posible que la cosa nunca haya estado lo suficientemente cerca para que el ser humano aprendiera a prestarle la atención necesaria? ¿Qué es la cercanía?

Ya hemos planteado esta pregunta. Preguntamos para experimentar la jarra en la cercanía.

¿En qué se basa el carácter de jarra de la jarra? Es algo que de repente hemos perdido de vista, precisamente en el momento en que se impuso la creencia de que la ciencia podría ofrecernos una explicación sobre la realidad de la jarra real y efectiva.

Nos representamos la parte efectiva del recipiente, su elemento acogedor, el vacío, como un espacio hueco lleno de aire. Este es el vacío pensado en términos físicos y reales, pero no es el vacío de la jarra. No dejamos que el vacío de la jarra sea su vacío. No prestamos atención a aquello que, en el recipiente, es el elemento acogedor. No consideramos la manera en que el acoger mismo despliega su esencia. Por tanto, era inevitable que también se nos pasara por alto lo que la jarra acoge. Para la representación científica, el vino se convierte en un mero líquido, un estado de agregación general de sustancias. Dejamos de pensar sobre lo que la jarra acoge y sobre cómo lo acoge.

¿Cómo acoge el vacío de la jarra? Acoge tomando lo que se vierte dentro de ella. Acoge reteniendo lo que ha recibido. El vacío acoge de una doble manera: tomando y reteniendo. De ahí que la palabra «acoger» sea ambigua. Sin embargo, tomar lo que se vierte dentro y retener lo vertido son parte de un mismo proceso. Pero su unidad está determinada por el acto de verter, el cual define la función de la jarra como tal. Así, el doble acto de acoger del vacío descansa en el acto de verter. En cuanto tal, el acoger es propiamente lo que es. El verter desde la jarra es un dar. En el acto de dar se manifiesta la esencia acogedora del recipiente. El acoger necesita del vacío como elemento que acoge. La esencia del vacío que acoge se reúne en el acto de dar. Sin embargo, el acto de dar es más rico que el simple verter. El dar, en el que la jarra es jarra, reúne en sí el doble acoger en el acto de verter. Llamamos «cordillera» a la reunión de las montañas. Llamamos «don» a la reunión del doble acoger en el acto de verter, que juntos constituyen la plena esencia del dar. La cualidad propia de la jarra se manifiesta en el don de lo vertido. También la jarra vacía conserva su esencia gracias al don, aunque una jarra vacía no permite el verter. Pero esta incapacidad es propia de la jarra y solo de la jarra. Una guadaña o un martillo, en cambio, son incapaces de impedir este don.

El don de lo vertido puede ser una bebida. Hay agua y vino para beber.[a]

---

a   Adición a la página 9 del manuscrito:

¿Cómo acoge el vacío de la jarra? Recibe lo que se vierte y lo conserva hasta que se vierte nuevamente. El vacío toma y da el vertido para ese vertido. La manera en que se vierte y el tipo de líquido moldean el vacío de la jarra. El vertido determina el carácter de jarra de la jarra. Sin embargo, la peculiaridad del vertido consiste en el acto de verter. Este acto transfiere el vertido a un recipiente para beber; el líquido vertido también se puede beber directamente en el acto verter de la jarra. El vertido de la jarra es una bebida. Cada bebida que sale de la jarra es un vertido, pero no cada vertido de la jarra es una bebida. Esto es especialmente cierto para el vertido auténtico, que en su acto de verter es derrochado, pero no bebido.

En el agua del don habita el manantial. En el manantial habita la piedra y todo el oscuro sopor de la tierra que absorbe la lluvia y el rocío del cielo. En el agua del manantial habita la unión de cielo y tierra. Esta unión también está presente en el vino que nos ofrece el fruto de la vid, en el que el elemento nutriente de la tierra y el sol del cielo están confiados el uno al otro. En el don del agua, en el don del vino habitan en cada caso el cielo y la tierra. Pero el don de lo vertido es el carácter de jarra de la jarra. En la esencia de la jarra habitan la tierra y el cielo.

El don de lo vertido es la bebida para los mortales. Calma su sed. Refresca su descanso. Alegra su compañía. Pero el don de la jarra a veces también se ofrece con propósitos sagrados. Cuando el vertido se destina a la consagración, no se trata de apagar la sed, sino de elevar la celebración, dotándola de un tono solemne. En este caso, el don de lo vertido no se consume en una taberna, ni es una bebida para los mortales. Lo que se vierte es una ofrenda para los dioses inmortales. El don de lo que se vierte como bebida es el auténtico don. En el acto de servir la bebida consagrada, la jarra que vierte es esencialmente el don que dona. La bebida consagrada es lo que la palabra alemana *Guß* («vertido») realmente nombra: ofrenda y sacrificio. *Guß* («vertido») y *gießen* («verter») se dice en griego χεῖν y en indoeuropeo *ghu*. Esto

---

Incluso la jarra vacía se ve influenciada y determinada por el vertido. El vertido puede ser una bebida, siempre que el vertido sea agua o vino.

significa: sacrificar. Cuando el acto de verter se realiza de manera esencial, se piensa adecuadamente y se dice de modo genuino significa: ofrecer, sacrificar y, por tanto, donar. De ahí que el verter, tan pronto se desvirtúa su esencia, pueda convertirse en un mero llenado y vaciado, hasta que finalmente degenera en el habitual servicio de bebidas. Verter no es un mero llenar y vaciar.

En el don de lo vertido, que es una bebida, habitan a su manera los mortales. En el don de lo vertido, que es una bebida, habitan a su manera los divinos, que reciben el don del verter como el don de la ofrenda. En el don de lo vertido habitan los mortales y los divinos cada vez de manera diferente. En el don de lo vertido habitan la tierra y el cielo. En el don de lo vertido habitan, al mismo tiempo, la tierra y el cielo, los divinos y los mortales. Estos cuatro, unidos por sí mismos, se copertenecen. Abarcando todo lo que está presente, están unidos en una única cuaternidad.*

En el don de lo vertido habita la simplicidad de los cuatro.

El don de lo vertido es un don en la medida en que permite que la tierra y el cielo, los divinos y los mortales permanezcan unidos. Pero el permanecer ahora ya no es la mera persistencia de algo que está presente. El permanecer acontece. Lleva a los cuatro a la claridad de su propio ser. Desde su simplicidad, se confían unos a otros. Al estar unidos en esta reciprocidad, se revelan y desocultan mutuamente. El don de lo vertido permite que la simplicidad de la cuaternidad de los cuatro perdure. En el don se despliega la esencia de la jarra como jarra. El don reúne todos los aspectos del dar: el doble acoger, lo que acoge, el vacío y el acto de verter como ofrenda. Lo reunido en el don permite que la cuaternidad permanezca como acontecimiento. Esta reunión simple y múltiple constituye la esencia de la jarra. Nuestra lengua utiliza la palabra antigua *thing* para nombrar esta reunión. La esencia de la jarra se manifiesta como la pura reunión donante de la cuaternidad en un momento determinado. La jarra despliega su esencia como cosa. La jarra es la jarra como cosa.* ¿De qué manera, sin embargo, despliega la cosa su esencia? La cosa hace cosa, cosea.* El cosear reúne. Al reunir, hace que la cuaternidad acontezca y fija su permanencia en cada cosa que permanece: en esta o aquella cosa.

Damos a la esencia de la jarra así experimentada y pensada el nombre de cosa. Pensamos este nombre a partir de la cuestión de la cosa, es decir, a partir del hacer cosa que, reuniendo y haciendo acontecer, permite que la cuaternidad permanezca. Pero al mismo tiempo recordamos la antigua palabra altogermánica *thing*. Esta referencia a la historia del lenguaje puede inducirnos fácilmente a malinterpretar la forma en que ahora pensamos la esencia* de la cosa. Podría parecer que la esencia tal como la entendemos ahora se hubiera, por así decirlo, extraído azarosamente del significado de la antigua palabra altogermánica *thing*. Surge la sospecha de que la experiencia de la esencia de la cosa que estamos intentando captar se funda en la arbitrariedad de un juego etimológico. Con el tiempo, esta opinión se consolida y generaliza, sugiriendo que aquí, en lugar de reflexionar sobre el fondo de la cuestión, simplemente estamos haciendo uso el diccionario.

En realidad, sucede exactamente lo contrario de lo que se teme. No hay que olvidar que la antigua palabra del alto alemán *thing* significa «reunión», concretamente una reunión con el propósito de discutir un asunto en disputa, debatir una cuestión, tratar un litigio. Así, las antiguas palabras *thing* y *dinc* se utilizan para referirse a *Angelegenheit* [«asunto», «cuestión»]; designan cualquier asunto que de alguna manera afecte al ser humano y que, por tanto, está en discusión. En la tradición romana, lo que está en discusión se denomina *res;* en griego, ῥέειν, ῥῆμα significa «hablar sobre algo», «tratar o discutir sobre algo»; *res publica* no significa «el Estado», sino aquello que concierne manifiestamente a cada miembro del pueblo y, por tanto, se discute y debate en público.

Solo porque *res* significa «lo que concierne», pueden surgir expresiones compuestas como *res adversae, res secundae;* la primera se refiere a lo que afecta al ser humano de un modo adverso; la segunda a lo que lo acompaña favorablemente. Sin embargo, los diccionarios traducen *res adversae* como «desgracia» o «infortunio» y *res secundae* como «suerte», sin decir nada de lo que las palabras dicen cuando son pensadas y expresadas. En verdad, en este y en otros casos no se puede decir que nuestro pensamiento dependa de la etimología, sino que la etimología, junto con los diccionarios, aún piensa demasiado poco.

La palabra romana *res* nombra «aquello que concierne al ser humano», «la cuestión o el asunto sobre el que se discute», «la disputa», «el caso». Los romanos también utilizan la palabra *causa*, que en su significado original no tiene nada que ver con «causa» [*Ursache*]; en latín, *causa* se refiere «al caso», y por esto también a «lo que es el caso», es decir, «algo que sucede y que se cumple necesariamente». Solo porque causa, que es casi sinónimo de *res*, significa «el caso», puede la palabra *causa* asumir luego el significado de causa [*Ursache*] en el sentido de la causalidad de un efecto. Las antiguas palabras del alto alemán *thing* y *dinc*, en su significado de «reunión» destinada a la discusión de un asunto, son las más apropiadas para traducir adecuadamente la palabra romana *res*, «lo que concierne». A partir de esta palabra de la lengua romana, que dentro de su contexto corresponde a la palabra *res*,[b] es decir, a partir de la palabra *causa* en el sentido de «caso» y «asunto», surge la palabra románica *la cosa* y la palabra francesa *la chose*. Nosotros, en alemán decimos: *das Ding* [«la cosa»]. En inglés, el término *thing* ha conservado hasta hoy la plena fuerza semántica de la palabra romana *res: he knows his things*, «entiende de sus asuntos», es decir, «de lo que le concierne»; *he knows how to handle things*, «sabe cómo manejar las cosas», «sabe cómo debe proceder con sus asuntos», es decir, «lo que se tiene que tratar en cada caso»; *that's a great thing:* «es un gran (delicado, grandioso, magnífico) asunto», es decir, «algo que proviene de uno mismo y que concierne al ser humano».

15   Ahora bien, lo decisivo no es la historia aquí brevemente esbozada del significado de las palabras *res, Ding,*

    b   Más que cualquier otra.

causa, *cosa*, *chose* y *thing*, sino más bien algo completamente diferente que hasta ahora no se ha pensado a fondo. La palabra romana *res* nombra «lo que de alguna manera concierne al ser humano». Lo que concierne es lo real de la *res*. La *realitas* de la *res* fue experimentada por los romanos como concernimiento.* Sin embargo, los romanos nunca pensaron adecuadamente sobre la esencia de lo que experimentaron. De hecho, a partir de la adopción de la filosofía griega antigua, la *realitas* romana de la *res* se piensa en el sentido del griego ὄν; ahora ὄν, en latín *ens*, significa lo que está presente en el sentido de lo proveniente, de lo que ha llegado a ser. La *res* se convierte en *ens*, es decir, en algo presente en el sentido de lo que ha sido producido y representado. La peculiar *realitas* de la *res*, experimentada originalmente por los romanos en términos de concernimiento, permanece sepultada como esencia de lo presente. Por el contrario, en tiempos posteriores, particularmente en la Edad Media, el nombre *res* sirve para designar todo *ens qua ens*, es decir, todo lo que de alguna manera está presente, incluso si solo existe en la representación y está presente en forma de *ens rationis*. Lo que sucede con la palabra *res* sucede también con el nombre *dinc*, que corresponde a *res*, ya que *dinc* significa «todo lo que de alguna manera es». El Maestro Eckhart utiliza la palabra *dinc* tanto para referirse a Dios como al alma. Para él, Dios es *das hochste und oberste dinc*[1]

---

1 M. Eckhart, *Sermon* LI, en *Deutsche Mystiker des vierzehnten Jahrhunderts*, ed. por von Franz Pfeiffer, *Band II, Meister Eckhart*, Leipzig, 1857, p. 169.

[«la cosa más alta y suprema»]. El alma es *ein grôz dinc*[2] [«una gran cosa»]. Este maestro del pensar no sugiere en ningún caso que Dios y el alma sean lo mismo que un bloque de piedra, un objeto material, ya que aquí la palabra *dinc* es el nombre prudente y medido para todo lo que es. De hecho, retomando una afirmación de Dionisio Areopagita,[3] el Maestro Eckhart dice: *die minne ist der natur, daz si den menschen wandelt in die dink, die er minnet*[4] [«el alma es de tal naturaleza que transforma al hombre en la cosa que ama»].

16   Dado que en el uso lingüístico de la metafísica occidental la palabra «cosa» nombra aquello que en general y de alguna manera es algo, el significado del nombre «cosa» cambia según la interpretación de lo que es, es decir, del ente. Kant utiliza el término de manera similar al Maestro Eckhart, considerando que «cosa» se refiere a algo que es. Sin embargo, para Kant, lo que es se convierte en el objeto de una representación que tiene lugar en la autoconciencia del yo humano. Para él, la cosa en sí significa el objeto en sí. El carácter del «en sí» indica que el objeto en sí existe independientemente de la representación humana, es decir, carece del «frente a» [*Gegen*] que lo coloca ante esa representación. En términos estrictamente kantianos, la «cosa en sí» es un objeto que no puede ser considerado como tal, porque

---

2 *Sermón* XLII (p. 141).

3 [N. de la E. alemana: Probablemente se refiere a san Agustín].

4 Cf. *Sermón* LXIII (p. 199) y *Sermón* XX (p. 86).

debe existir sin un posible «frente a» que lo coloque ante la representación humana.

Ni el desgaste que desde hace tiempo ha sufrido el significado del nombre «cosa» que se emplea en la filosofía, ni el significado de la antigua palabra altogermánica *thing* nos prestan la menor ayuda ahora que estamos en la necesidad de experimentar y pensar adecuadamente en la esencia real de lo que decimos acerca de la esencia de la jarra. Por el contrario, no cabe duda de que un elemento semántico del antiguo uso lingüístico de la palabra *thing*, esto es, «reunir», alude a la esencia de la jarra pensada anteriormente.

La jarra es una cosa, pero no en el sentido romano de *res*, ni en el sentido medieval de *ens*, ni siquiera en el sentido moderno de objeto representado. La jarra es una cosa, pero no el sentido de objeto, ya sea un objeto de la producción o de la mera representación. La jarra es una cosa en la medida en que hace cosa, en la medida en que se despliega como cosa. A partir del hacer cosa de la cosa, acontece y se determina también la presencia de lo que está presente en la forma de la jarra.

Hoy en día, todo lo presente es igualmente cercano y lejano. Predomina la falta de distancia.* Sin embargo, cualquier intento de reducir y suprimir la distancia no trae cercanía alguna. ¿Qué es la cercanía? Para comprender su esencia, hemos examinado la jarra desde la perspectiva de la cercanía. Buscábamos la esencia de la cercanía y descubrimos la esencia de la jarra como cosa. Pero con este descubrimiento también tomamos conciencia de la esencia de la cercanía. La cosa hace cosa. Al hacer cosa, permite que la tierra y el cielo, los divinos y los mortales permanezcan juntos. Al permitir que permanezcan juntos, la cosa trae cerca a los cuatro entre sí en su lejanía. Este traer cerca [*Nahebringen*] es el acercar [*Nähern*]. Acercar es la esencia de la cercanía. La cercanía acerca lo lejano, pero lo hace preservando su carácter de lejanía. La cercanía salvaguarda la lejanía. Al salvaguardar la lejanía, la cercanía se manifiesta en su acercar. En ese acercar, la cercanía se oculta a sí misma y, por su propio modo, permanece como lo más cercano.

La cosa no está «en» la cercanía como si esta fuera un contenedor. La cercanía prevalece en el acercar como el hacer cosa de la cosa.

La cosa, al desplegarse como cosa, logra mantener unidos entre sí a los cuatro —la tierra y el cielo, los divinos y los mortales— en la simplicidad de su cuaternidad.

La tierra es lo que sostiene y nutre, lo que fructifica alimentando, protegiendo las aguas y las rocas, las plantas y los animales.

Cuando decimos tierra, ya pensamos, si es que pensamos, en los otros tres desde la simplicidad de los cuatro.

El cielo abarca el curso del sol, el movimiento de la luna, el resplandor de las estrellas, las estaciones del año, la luz del día y del crepúsculo, así como la oscuridad y la claridad de la noche, la benevolencia y la dureza del tiempo, el paso de las nubes y la profundidad azul del éter.

Cuando decimos cielo, ya pensamos, si es que pensamos, en los otros tres desde la simplicidad de los cuatro.

Los divinos son los mensajeros de la divinidad que hacen señas. Desde el dominio oculto de la divinidad, el dios se manifiesta en su esencia, diferenciándose de cualquier cosa que esté presente.

Cuando nombramos a los divinos, ya pensamos, si es que pensamos, en los otros tres desde la simplicidad de los cuatro.

Los mortales son los humanos. Se les llama «los mortales» porque tienen la capacidad de morir. Morir significa: poder enfrentar la muerte como muerte. Solo el ser humano muere. El animal perece. El animal no tiene la muerte como muerte ni delante ni detrás de sí. La muerte es el cofre de la nada, lo cual nunca es simplemente algo existente, pero que, sin embargo, es fundamental para el ser mismo. La muerte, como cofre de la nada, alberga en sí la esencia del ser. La muerte, como cofre de la nada, es el refugio oculto del ser. Llamamos a los mortales ahora «los mortales», no porque su vida terrenal termine, sino porque son capaces de enfrentar la muerte como muerte. Los mortales son los que son, en su condición de mortales, desplegando su esencia en el refugio oculto del ser. Los mortales son la relación esencial con el ser como ser.

La metafísica, por el contrario, representa al ser humano como *animal*, como ser viviente. Aunque la *ratio* domina la *animalitas*, el ser humano sigue siendo definido por la vida y el vivir. Los seres vivos racionales deben primero convertirse en mortales.

Cuando decimos los mortales, ya pensamos, si es que pensamos, en los otros tres desde la simplicidad de los cuatro.

Tierra y cielo, los divinos y los mortales, unidos entre sí, se copertenecen en la simplicidad de la cuaternidad formando una unidad. Cada uno de los cuatro refleja a su manera la esencia de los otros, y al hacerlo, cada uno se refleja a su manera en su propio ser dentro de la simplicidad de los cuatro. Este reflejar no es simplemente la reproducción de una imagen. Este reflejar, al iluminar a cada uno de los cuatro, permite que su esencia propia acontezca en la simple apropiación mutua entre ellos. En esta forma de apropiación e iluminación, cada uno de los cuatro se relaciona reflejamente con los demás. El reflejar que acontece permite que cada uno de los cuatro se libere en su esencia, pero al mismo tiempo une a esos que se han liberado en la simplicidad de su reciprocidad esencial.

El reflejo que establece esta relación con lo abierto [*das Freie*] es el juego que confía cada uno de los cuatro a los demás mediante la dinámica unificadora de la apropiación* mutua. Ninguno de los cuatro se aferra rígidamente a su propia particularidad. En este acto de apropiación mutua, cada uno de los cuatro es expropiado, transformándose en lo que le es propio. Esta apropiación expropiadora es el juego de espejos [*Spiegel-Spiel*] de la cuaternidad, a partir del cual se establece la simplicidad de los cuatro.

19 Llamamos «mundo» al juego de espejos adaptativo de la simplicidad de tierra y cielo, divinos y mortales. El mundo despliega su esencia haciendo mundo, mundeando.* Esto quiere decir: el mundear del mundo no se puede explicar ni fundamentar en otra cosa. Esta im-

posibilidad no se debe al hecho de que nuestro pensamiento sea incapaz de tal explicación y fundamentación. La inexplicabilidad y la falta de fundamento del mundear del mundo se debe a que las causas y los fundamentos son insuficientes para captar el mundear del mundo. Cuando el conocimiento humano busca una explicación, no logra superar la esencia del mundo, sino que se queda por debajo de ella. La voluntad humana de explicar es absolutamente incapaz de alcanzar la simplicidad inherente del mundear. Los cuatro unidos ya están sofocados en su esencia si nos los representamos solo como realidades aisladas que deben ser fundamentadas mutuamente y explicadas por separado.

La unidad de la cuaternidad se manifiesta en la cuaternización.* Sin embargo, la cuaternización no se presenta simplemente como algo que rodea a los cuatro y que se agrega a ellos después. La cuaternización tampoco se agota en el hecho de que los cuatro, una vez presentes, se limiten a estar uno al lado del otro.

La cuaternización se despliega como el juego de espejos adaptativo entre aquellos que se confían mutuamente. La cuaternización despliega su esencia en el mundear del mundo. El juego de espejos del mundo es la danza en corro de un movimiento de adaptación.* Por eso, la danza en corro no rodea a los cuatro como un aro. La danza en corro es un anillo que gira jugando con los reflejos. Al acontecer, ilumina a los cuatro en el brillo de su simplicidad. Al brillar, el anillo se apropia a los cuatro en el enigma de su esencia. La esencia reunida de este juego de espejos circulante del mundo es «el giro» [*das Gering*]. En el giro de este anillo que juega y refleja, los cuatro se integran en una esencia unificada, pero siempre manteniendo su propia esencia. Así, con flexibilidad y docilidad, los cuatro configuran el mundo haciendo mundo.

Flexible, maleable, dúctil, dócil, fácil se dice en nuestra antigua lengua alemana *ring* y *gering*. El juego de espejos del mundo que hace mundo —como el giro del anillo— hace surgir a los cuatros unidos en su propia docilidad, en la flexibilidad característica de su esencia. Desde el juego de espejos del giro circular acontece el despliegue de la cosa como cosa.

La cosa mantiene la unidad de la cuaternidad. La cosa hace mundo. Cada cosa contribuye a mantener la unidad de la cuaternidad en algo que permanece en la simplicidad del mundo.

Cuando permitimos que la cosa se manifieste en su despliegue como cosa desde el mundo que mundea, comenzamos a pensar en la cosa como cosa. Al pensar de esta manera, permitimos que la esencia mundeante de la cosa nos concierna. Así, en el acto de pensar nos encontramos con la cosa como cosa. En el sentido estricto de la palabra, somos condicionados por la cosa. Hemos dejado atrás la presunción de todo lo incondicionado.

Cuando pensamos en la cosa como cosa, protegemos su esencia en el ámbito del que emerge. Hacer cosa es acercar el mundo. Acercar es la esencia de la cercanía. Al proteger la cosa como cosa, habitamos la cercanía. La acción de acercar la cercanía es la única y auténtica dimensión del juego de espejos del mundo.

La falta de cercanía, a pesar de la supresión general de las distancias, propicia el dominio de lo que carece de distancia. En esta ausencia de cercanía, la cosa pierde su condición de cosa y queda aniquilada como cosa en el sentido ya mencionado. Pero entonces, ¿cuándo y cómo son las cosas como cosas? Nos preguntamos esto en medio del dominio de lo que carece de distancia.

¿Cuándo y cómo llegan las cosas como cosas? No llegan por las maquinaciones* del ser humano; pero tampoco llegan sin la vigilancia de los mortales. El primer paso hacia esa vigilancia es el paso atrás del pensamiento meramente representativo y explicativo hacia el pensamiento rememorativo.

Obviamente, el paso atrás de un tipo de pensamiento a otro no consiste en un mero cambio de actitud. De hecho, no puede serlo, porque todas las actitudes, incluidas las maneras en que cambian, quedan atrapadas en el marco del pensamiento representativo. El paso atrás, en cambio, abandona por completo esta forma de pensar. Este paso atrás se asienta en una correspondencia que, al ser interpelada por la esencia del mundo, responde desde su interior. Un simple cambio de actitud no tiene efecto sobre la manifestación de la cosa como cosa. Asimismo, todo lo que ahora se presenta como objeto en la ausencia de distancia no puede convertirse simplemente en una cosa. Las cosas nunca llegan a ser cosas simplemente porque evitemos los objetos y recordemos objetos antiguos que, quizá en algún momento, pudieron haber tenido la posibilidad de convertirse en cosas y estar presentes como tales.

Lo que se convierte en cosa acontece a través del giro del juego de espejos del mundo. Solo cuando —presumiblemente de manera repentina— el mundo mundea como mundo, brilla el anillo en el que el giro de tierra y cielo, divinos y mortales se libera en la simplicidad de su esencia.

Este girar muestra que el despliegue de la cosa es poco significativo, y cada cosa que permanece es simple, modesta y obediente a su esencia. La cosa es simple: la jarra y el banco, el puente y el arado. A su manera, el árbol y el estanque, el arroyo y la montaña también son cosas, así como lo son la garza y el corzo, el caballo y el toro. Son cosas, cada una de ellas haciendo cosa a su manera, el espejo y el broche, el libro y el cuadro, la corona y la cruz.

Sin embargo, en comparación con la infinitud de objetos semejantes que existen por todas partes, las cosas son simples y escasas en cuanto a su número, al igual que la ingente masa de humanos considerados como seres vivos.

Los humanos, como los mortales, son quienes realmente habitan el mundo como tal. Solo aquello que es insignificante frente al mundo puede convertirse algún día en cosa.

APÉNDICE

Sobre la conferencia en torno a la cosa (en este contexto)

Con respecto a cosa y mundo, remitir a la inter-cisión.*
Ver la carta a Reisner.[1]

De esta inter-cisión [*Unter-schied*] regresar a la diferencia [*Differenz*]. Y de esta última al *olvido* del Ser. ¿Cómo debe pensarse este olvido? (Ἀ-λήθεια). También permanece un *olvido*, solo que transformado después del *viraje*. ¿Acontece entonces el verdadero encubrimiento y la recuperación desde el enigma mismo?

La relación que une el mundo con la cosa y la cosa con el mundo acontece en *la adaptación.**

La cosa aquí se refiere al *mundo; mundo / 'weralt'* (en alto alemán antiguo).[2] Mención a la *diferencia*. No se trata de una palabra con otro significado, sino de otra *cuestión*.

---

1   Carta al profesor Reisner del 3 de noviembre de 1950 (inédita).

2   [N. del T.: Heidegger se hace aquí eco de la etimología de la palabra *Welt* ofrecida por el *Diccionario alemán* de Jacob y Wilhelm Grimm. Según los hermanos Grimm, la palabra *Welt* deriva de *Wer-alt*. *Wer* significa «hombre» (como aún resuena en la palabra alemana *Werwolf* [«hombre lobo»]), y *alt* proviene de *alan*, que significa «generación, nutrición, crecimiento». Así, el mundo (*Welt*) es el lugar donde el ser humano crece y se hace viejo (*alt*). También se señala que *Welt* sería la traducción gótica del griego κόσμος, que remite a

45

El pensamiento que *recupera* es el pensamiento rememorativo; recuperar significa *llevar a la cercanía*.

La inter-cisión

De ella como el *ensamble del Ser*, todo ensamblaje del decir, todo rigor del ensamblaje.

Cosa

Como está todo presente. Ser presente – είναι. ¿Cómo «es» cada cosa? ¿Qué sucede con este «es»?

¿Hacen cosa las cosas? ¿Son las cosas como cosas? ¿O son solo objetos? Y los objetos, ¿como están? ¿Cuál es la naturaleza de su estado y su constancia? ¿Están quizá *como fondo permanente*?

Las cosas han desaparecido, se han ido. ¿A dónde? ¿Qué se ha puesto en su lugar?

Las cosas parecen haber desaparecido desde hace mucho tiempo, pero, en realidad, nunca se han manifestado *como cosas*.

Como cosas, su esencia de cosa nunca ha llegado expresamente a la luz y nunca ha sido preservada adecuadamente.

23

la dimensión comunitaria señalada en las epístolas paulinas. *Welt*, pues, alude al ámbito que permite la vida en sociedad, que hace posible la sociabilidad humana, que constituye el lugar de residencia del ser humano en contraposición a la inhabitabilidad del mar y la peligrosa naturaleza salvaje que amenaza a la vida humana].

Lo aterrador se anuncia y se oculta en la manera en que, en lo más cercano, la cercanía permanece ausente. ¿Qué significa esto? Significa que *la cosa no se despliega como cosa; la cosa no se manifiesta como cosa.*

El mundo no se despliega como debiera. La cosa/el mundo no acontece; la adaptación se niega. La inter-cisión permanece olvidada; ¡el olvido despliega su esencia!

El hacer cosa no está iluminado como la esencia de la cosa y no se conserva como tal. Lo distante también existe —quizás solo para nosotros, porque somos Dasein—. Pero no hay un camino que conduzca hacia él; algo es como es en su presencia encubierta [?].

De hecho, lo que yace cerca puede llamarse en un sentido enfático lo presente.

La cercanía se ausenta en lo que yace cerca. En lo presente, la *presencia* se retira. Dado que se retira y se ha retirado, nunca la encontramos —al menos no en la manera en que estamos acostumbrados a encontrarnos algo *en la representación*—.

Lo que yace cerca es lo que llamamos «las cosas». ¿Qué es una cosa?

EL ENGRANAJE

Al comienzo de nuestro camino se mostró que el dominio sobre las distancias no trae consigo cercanía alguna. Con la cercanía también desaparece la lejanía. Todo se nivela en lo carente de distancia. Ahora vemos con mayor claridad que la cercanía es en la medida en que la cosa se despliega como cosa [*dingen*]. En su despliegue, la cosa hace mundo. El despliegue de la cosa implica un acercamiento que mantiene el mundo como tal en la cercanía. La esencia de la cercanía descansa en el acercamiento.

Cercanía no significa reducir la distancia; lejanía no significa aumentar la distancia. La lejanía no es en ningún caso la supresión de la cercanía. Solo en el acercarse de la cercanía la lejanía aleja y permanece resguardada como lejanía. Por eso, donde la cosa no se despliega como cosa y la cercanía no acerca, nos encontramos con que también la lejanía se mantiene lejana. Cercanía y lejanía permanecen simultáneamente ausentes. Domina la ausencia de distancia.

Como es sabido, llamamos distancia* al segmento entre dos puntos. Sin embargo, si salimos de casa y nos refugiamos bajo la sombra del árbol, la distancia que hay entre la casa y el árbol que está delante de nosotros ya no se mide simplemente por la longitud que los separa.

La distancia reside, más bien, en el hecho y en la manera en que la casa, el árbol y la sombra nos conciernen* en su mutua interdependencia. Esta relación con las cosas que nos conciernen establece la distancia (el distanciamiento) entre lo que está presente en el horizonte de la presencia. Esa misma relación regula la distancia que nos separa de todo lo que está presente, así como de todo lo que está ausente para nosotros. Aquello que se mantiene distante de nosotros nos concierne precisamente en ese distanciamiento —ya sea algo que esté lejos de nosotros, ya sea algo que nos toque de cerca—. Incluso aquellas cosas que, como a veces decimos, no nos conciernen, nos afecta a su manera. Porque lo indiferente nos concierne en la medida en que constantemente pasamos a su lado sin prestarle atención.

Todo lo presente y ausente se caracteriza por el concernimiento.* La distancia se basa en el concernimiento. El concernimiento reposa en la cercanía. Nos inclinamos con demasiada facilidad a pensar que la distancia consiste, desde nuestro punto de vista, en un estar-contrapuesto-a [*Gegenüberstehen*]. La distancia parece alcanzarse primero en un estar-frente-a [*Gegenüber*] y asegurarse por medio de un objeto que se encuentra frente a nosotros [lo objetual]. Pero lo objetual* [*gegenständig*] no es más que el último término, el último residuo de lo que está distanciado. Cuando lo presente se convierte en objeto de una representación, la ausencia de distancia comienza —aunque de manera todavía imperceptible— a imponer su dominio. En la objetividad* [*gegenständlich*], colocamos ante nosotros lo que nos concierne, de modo que esto está lejos de nosotros y nosotros estamos lejos de ello. Pero esta representación objetiva, que aparentemente nos pone ante lo que está presente, ya constituye en su esencia una agresión hacia lo que nos concierne. En la apariencia del puro presente que brinda lo objetual y lo objetivo se esconde el deseo de posesión del cálculo representativo. Lo objetivo incluye también las situaciones en las que nos hallamos frente a nosotros mismos y en las que nos observamos y analizamos. La psicología y el dominio de las explicaciones psicológicas inician un proceso que nivela lo psíquico y espiritual a lo que es accesible para cualquier persona en cualquier momento y que, en el fondo, ya está desprovisto de distancia. El dominio de lo objetual no garantiza la posibilidad de distanciarse; al contrario, favorece el avance de la falta de distancia. Si el distanciamiento depende del concernimiento, entonces allí donde domina la falta de distancia nada nos concierne propiamente. Todo adquiere el rasgo fundamental de la equi-valencia [*Gleich-Gültig*], por mucho que aquí y allá todavía pueda haber cosas que nos sigan importando como fragmentos perdidos. El concernimiento propio de lo equi-valente nos empuja a una monotonía, que no es ni lejana ni cercana, que no nos afecta al alejarse o acercarse. La falta de distancia atañe al ser humano de forma tan penetrante que este se ve afectado por todas partes por la uniformidad de la monótona falta de distancia. La uniformidad de este concernimiento producido por la falta de distancia consiste en que el ser humano así concernido cae una y otra vez víctima de esa misma falta de distancia, siempre de la misma manera vacía. Lo que está presente sin distancia no carece de concernimiento ni de posición. De hecho, lo que carece de distancia tiene su propia posición* [*Stand*]. Su constancia [*Ständigkeit*] circula en ese inquietante concernimiento en el que todo es equivalente. El ser humano queda atrapado en ello. La falta de distancia nunca está sin posición. Está en la medida en que todo lo presente se ha convertido en fondo permanente* [*Bestand*]. Cuando la lógica del fondo permanente se impone, incluso el objeto se desmorona como rasgo característico de lo que se presenta.

El fondo permanente persiste. Persiste en la medida en que está dispuesto para un solicitar.* Convertido en el solicitar, el fondo permanente se destina para el uso. El uso dispone previamente cada cosa de tal manera que lo dispuesto sigue a un resultado. Dispuesto de esta manera, todo es: «como consecuencia de…». Sin embargo, la consecuencia se ordena de antemano como resultado. El resultado es un tipo de consecuencia que, a su vez, queda referido al resultado de otras consecuencias. El fondo permanente persiste a través de un tipo peculiar de disposición* [*Stellen*] que llamamos el solicitar* [*Be-stellen*].

¿Qué significa «poner»,* «disponer», «colocar», «posicionar» [*stellen*]? Conocemos esta palabra a través de expresiones como «re-presentar algo» [en el sentido de poner o colocar algo delante, *vor-stellen*], «pro-ducir algo» [en el sentido de poner algo desde otra cosa, *her-stellen*]. Aún así, cabe preguntarse si nuestro modo de pensar está preparado para abarcar la sencilla pero apenas apreciable envergadura de estas expresiones.

26

¿Qué significa «poner», «disponer», «colocar», «posicionar»? Considerémoslo primero desde la perspectiva de la producción. El carpintero produce una mesa, pero también un ataúd. Lo producido no coincide con lo meramente fabricado. Lo colocado en el aquí* se encuentra en el ámbito de lo que nos concierne. Se coloca aquí en una cercanía. El carpintero que vive en el pueblo de la montaña no fabrica una simple caja para un cadáver. El ataúd se coloca desde el principio en un lugar privilegiado de la granja, donde aún reposa el campesino difunto. Allí, un ataúd todavía se llama «árbol de los difuntos». La muerte del difunto florece en él. Este florecimiento determina la casa, la granja y a quienes habitan allí, así como a sus parientes y a la vecindad.

Todo es diferente en una industria funeraria mecanizada de la gran ciudad. Aquí no se produce ningún «árbol de los difuntos».

Un campesino coloca a su animal de tiro para arrastrar por el sendero los troncos de los árboles talados que luego tendrá que retirar del bosque. El campesino no coloca al animal para que permanezca quieto en algún lugar. Lo coloca de tal manera que sea apto para el uso.

Hombres y mujeres deben presentarse para realizar un servicio laboral. Son solicitados. Se ven afectados por una disposición que los coloca, es decir, que los reclama. Uno coloca al otro. Lo retiene y dispone de él. Le exige información y rendición de cuentas. Lo provoca. Detengámonos ahora en este significado de la palabra «poner», «colocar» para comprender qué sucede en ese solicitar que hace que el fondo permanente exista y se convierta así en un fondo permanente.

En este contexto, «poner», «disponer», «colocar» significa: provocar, exigir, obligar a presentarse. Este disponer* ocurre como obligación de presentarse* [*Gestellung*]. La orden de presentarse por obligación se dirige al ser humano. No obstante, el ser humano, en el conjunto de todo lo que está presente, no es el único ente que está sujeto a la obligación de presentarse.

Una región se dispone con la vista puesta en el carbón y los minerales que afloran en ella. Es probable que el afloramiento de minerales se comprenda dentro del marco de tal disposición y que solo se pueda comprender en función de ello. Los minerales que afloran en una región —valorados como tales en función de su ubicación— son provocados* y, por consiguiente, extraídos. La tierra también se ve involucrada en tal disposición y es asediada por esta. La tierra está dispuesta y afectada por la obligación de presentarse. Así es como ahora y en adelante entendemos la palabra «solicitar» [*bestellen*].

A través de este tipo de solicitación* [*Bestellen*], la tierra se convierte en una reserva de carbón y el suelo se transforma en un yacimiento de minerales.[a] Este tipo de solicitación es diferente al empleado por el campesino cuando antaño cultivaba su campo. La labor agrícola del campesino no provoca la tierra; más bien, confía la semilla a las fuerzas del crecimiento; la protege durante su desarrollo. Entretanto, también el cultivo de los cam-

a   El suelo, la tierra. ¡Desarraigo del fondo permanente!

pos ha adoptado una forma de solicitación idéntica a la que convierte el aire en nitrógeno, el suelo en carbón y minerales, el mineral en uranio, el uranio en energía atómica, y esta última en destrucción disponible por encargo. La agricultura es ahora una industria alimentaria mecanizada, en esencia lo mismo que la fabricación de cadáveres en las cámaras de gas y en los campos de exterminio, lo mismo que el bloqueo y la hambruna de naciones enteras, lo mismo que la fabricación de bombas de hidrógeno.

Ahora bien, ¿a qué se destina, por ejemplo, el carbón que se encuentra en la cuenca carbonífera? No está puesto allí de la misma manera que la jarra sobre la mesa. Al igual que el suelo en relación con el carbón, el carbón, a su vez, es dispuesto, es decir, es provocado para producir calor; este calor se utiliza para generar vapor, cuya presión impulsa el mecanismo que mantiene en funcionamiento una fábrica destinada a suministrar maquinaria y a producir herramientas mediante las cuales se ensamblan y mantienen otras máquinas.

Cada forma de disponer [las cosas] provoca a las demás, asediándolas con la obligación de presentarse. Esto no ocurre por medio de una simple serie de actos de disposición. Según su esencia, la obligación de presentarse acontece de antemano y en secreto. Es por esto que la obligación a presentarse brinda la posibilidad de planificar y establecer medidas efectivas para los distintos proyectos de cada disposición particular. Pero entonces, ¿hacia dónde conduce finalmente esta cadena de solicitaciones?*

La central hidroeléctrica está situada en la corriente del río. Esta la dispone de manera que le proporciona la presión hidráulica necesaria para hacer rotar las turbinas; esta rotación, a su vez, acciona la maquinaria que producirá la corriente eléctrica a través de la cual las centrales de distribución y su red eléctrica podrán luego suministrar electricidad.[b] La central eléctrica situada en el río Rin, la presa, las turbinas, los generadores de electricidad, los paneles de control, la red eléctrica, todo esto y más, en la medida en que está en su lugar y listo para su uso, no existe simplemente para estar presente.[c] Su propósito es habilitar el establecimiento de algo más.

Solo lo que está así dis-puesto, de manera que se mantiene en su lugar y listo para su uso, persiste como fondo permanente y, en este sentido, es puesto en reserva [*beständig*].[d] Lo que es puesto en reserva se basa en la capacidad de garantizar una continua solicitabilidad* [*Bestellbarkeit*] inherente a la obligación de presentarse.

Nos volvemos a preguntar: ¿hacia dónde conduce finalmente la cadena de tales solicitaciones? No conduce a nada, porque el solicitar no produce nada que pudiera existir independientemente del acto de disponer. Lo solicitado ya siempre se coloca con el único propó-

29

b   Fondo permanente.

c   ¿De qué manera?

d   La central eléctrica entendida en cierto sentido como fondo permanente solicitable, es decir, no como algo que se perpetúa constantemente.

sito de establecer algo diferente como consecuencia de su resultado. La cadena de solicitaciones no conduce a nada; más bien, se mueve solo dentro su propia circularidad. Lo que está disponible y se puede pedir solo existe en esta circularidad. La corriente del Rin, por ejemplo, solo existe como lo que ha sido solicitado por medio del mencionado proceso de solicitación. La central hidroeléctrica no se construye en la corriente del Rin, sino que la corriente se integra en la central energética. En este caso, la corriente queda definida por la esencia de la central misma. Para comprender de alguna manera la magnitud de esta cuestión, vale la pena detenerse por un solo instante en el contraste que se expresa en los dos títulos: el Rin, integrado en la central energética – «el Rin», mencionado en la obra de arte del himno homónimo de Hölderlin.

El fondo permanente persiste. Persiste en el solicitar. ¿Qué es el solicitar en sí mismo? El colocar tiene el carácter de provocar, y se convierte así en un extraer —como sucede con el carbón, los minerales y el petróleo crudo, pero también con los ríos, los lagos y el aire—. A menudo se dice que la tierra es explotada por los materiales y las fuerzas que yacen ocultos en ella. Sin embargo, la explotación es resultado de la actividad humana.

Así, el solicitar sería simplemente un mecanismo de explotación en manos del ser humano. La solicitación del fondo permanente aparece con este carácter solo si y mientras nos movemos en el marco de representación de nuestras creencias cotidianas. Esta apariencia de que el solicitar sería en esencia solo un mecanismo humano caracterizado por la explotación parece casi inevitable. Pero[e] no deja de ser una simple apariencia.

El solicitar pone a disposición. Provoca. Sin embargo, si examinamos la esencia del solicitar en lugar de sus posibles efectos, descubrimos que no apunta a la obtención de beneficios y ganancias, sino que siempre se dirige a lo que se puede solicitar. Aquí, «siempre» significa: desde el principio, porque es esencial. El solicitar pasa rápidamente de una cosa solicitable a la siguiente solo porque ha anticipado y colocado todo lo que está presente dentro del marco de una completa solicitabilidad, independientemente de que en cada caso particular lo que está presente esté dispuesto de una manera específica o no. Este poder excesivo del solicitar parece arrastrar consigo los actos particulares de solicitación. Este poder sugiere que lo que aquí llamamos «solicitar» no es una actividad simplemente *humana*, aun cuando el ser humano participe en su implementación.

Todavía queda por preguntar de qué manera el ser humano está ya incluido en la esencia del solicitar. Pero ¿qué significa aquí: «el ser humano»? «El ser humano» no existe en ninguna parte. Suponiendo que los seres humanos provocan la fuerza hidráulica del río para aprovechar su presión y generar corriente eléctrica, solo pueden hacerlo porque ellos mismos ya forman parte y son requeridos en este proceso de solicitación. Los seres humanos, en su relación con lo que está presente, son desafiados desde el principio —por tanto en todas

---

e   Referida a la técnica como τέχνη – ἀλήθεια (Ἀ-λήθεια).

partes y de manera constante— a representar lo que está presente como algo susceptible de ser solicitado dentro del proceso de solicitación. En la medida en que la representación humana reduce lo que está presente a un recurso solicitable, el ser humano queda —por su propia naturaleza y ya sea de manera consciente o no— integrado en un proceso de solicitación que exige solicitar lo que puede ser pedido [*für das Bestellen des Bestellbaren in das Bestellen bestellt*].

El ser humano mismo se encuentra ahora[f] sujeto a una obligación similar de presentarse. El ser humano se ofrece a llevar a cabo esta obligación. Se presta a asumir y ejecutar esta solicitación. Por eso, el ser humano es el empleado [*Angestellte*] del solicitar. Por ello, los seres humanos son colocados individual y masivamente para ese fin. Ahora el ser humano es quien es solicitado en, por y para el acto de solicitar.

El solicitar no es un acto humano; la actividad humana que participa en dicho solicitar queda previamente dispuesta por los modos de obrar y abstenerse que ese mismo solicitar exige.

El solicitar no se limita a asaltar los materiales y las fuerzas de la naturaleza con la obligación de presentarse, sino que asalta al mismo tiempo el destino del ser humano. La esencia del ser humano queda configurada para colaborar en la ejecución del solicitar de forma humana. El solicitar afecta a la naturaleza y la historia, a todo lo

31

---

f Impreciso; ahora pensado esencialmente en el modo del engranaje.

que es y las diversas formas en que se manifiesta lo que está presente. Lo que está presente se dispone como tal en función de su capacidad de ser solicitado y, por tanto, se representa de antemano como algo[g] constante, cuya posición depende del solicitar. Lo que es constante y siempre se presenta de esta manera es el fondo permanente.

Por eso, el solicitar nunca puede explicarse a partir de un único recurso, ni puede concebirse a partir de la suma de recursos existentes como algo genérico que flota encima de ellos. El solicitar no se deja reducir a una explicación simple, es decir, no puede reducirse a ese tipo de claridad con la que solemos dar por obvio lo comúnmente conocido y lo que está fuera de discusión. Lo que acostumbramos a dar por sentado en ese tipo de claridad queda relegado a lo superficial y a lo que no ha sido pensado en profundidad. No podemos pretender explicar el solicitar que constituye el fondo permanente.[h] En lugar de eso, conviene que primero intentemos experimentar su esencia aún no pensada.

A propósito de esto, es necesario prestar atención a cómo el solicitar se apodera desde el principio de todo lo que es: la naturaleza y la historia, lo humano y lo divino. Si hoy en día una teología mal asesorada utiliza los resultados de la física atómica moderna para, con su ayuda, reforzar sus pruebas de la existencia de Dios, Dios mismo se coloca en el ámbito de lo que puede ser solicitado.

g Así puesto y en este sentido.
h En qué medida se desvía la explicación del tema en cuestión.

El solicitar concierne a todo lo que está presente con la obligación de presentarse respecto a su presencia.[i] El solicitar tiene un único objetivo (*versus unum*): 32 convertir *la totalidad* de lo presente en fondo permanente. El solicitar es en sí mismo universal. Reúne en sí todas las formas posibles de disposición y todas las modalidades de su encadenamiento. El solicitar ya se ha reunido en sí mismo para garantizar continuamente la solicitabilidad de *todo* lo presente como fondo permanente.

Llamamos «cordillera» al conjunto de montañas unidas inicialmente entre sí mismas. Llamamos «ánimo» al conjunto de estados anímicos que nos afectan de distintas maneras.

Ahora llamamos *el engranaje** al conjunto de disposiciones formadas por sí mismas, donde todo lo que puede ser solicitado existe esencialmente como fondo permanente.

La palabra «engranaje» ya no nombra un objeto individual, como pueda ser una estantería de libros o un pozo de polea,[j] ni tampoco un recurso específico del fondo solicitado. En su lugar, el engranaje designa la solicitación universal[k] que reúne la capacidad de solicitar todo lo que está presente. El circuito del solicitar tiene lugar en el engranaje y como engranaje.

i Presenciar. ¿Por qué? ¿Desde dónde?

j Distinguir con mayor claridad de ensamblaje, varillaje, sedimentos; esqueleto.

k Reunidora.

En el engranaje, la presencia de todo lo presente se convierte en fondo permanente. El engranaje atrae constantemente lo que puede ser solicitado hacia el circuito del solicitar, lo establece allí y lo almacena en el fondo permanente como algo puesto en reserva. El almacenamiento no saca las reservas fuera del circuito del ordenamiento,* sino que las coloca y las saca con el propósito de disponer posteriormente de ellas (esto es, introducirlas y reponerlas en el proceso de solicitación).

El engranaje coloca y pone a disposición. Arrastra consigo todo hacia la solicitabilidad. Acumula todo lo que está presente en la solicitabilidad. Así, el engranaje es la reunión de este acumular. El engranaje es: acumulación. Sin embargo, este acumular no se limita a amontonar los recursos existentes; al contrario, arrastra constantemente lo solicitado dentro del circuito de la solicitabilidad, donde una cosa coloca a la otra. Cada cosa desplaza a la otra, pero siempre dentro del marco del solicitar.

El conjunto de disposiciones* del engranaje es la reunión de un impulso que gira en sí mismo. El engranaje es un mecanismo. La acumulación acumula, arrastrando todo hacia el mecanismo de la industria.

El engranaje se despliega como la acumulación de mecanismos que garantiza la solicitabilidad constante de todo el fondo permanente.

Lo que pensamos de esta manera como *el engranaje* es *la esencia de la técnica.*

Decimos «de la técnica» y nos referimos a la técnica moderna, que a menudo se caracteriza como técnica de máquinas de fuerza. Esta caracterización capta algo correcto. Pero eso no significa que contenga verdad, porque no muestra la esencia de la técnica, por la simple razón de que la forma de pensar de la que proviene dicha caracterización de la técnica moderna como técnica de máquinas de energía no puede mostrar la esencia de la técnica. A menudo se piensa que la técnica moderna, a diferencia de todas las que la han precedido, está determinada por la máquina. ¿Y si fuera al revés? La técnica moderna no depende de la máquina; en realidad, es la máquina la que adquiere su significado y su función a partir de la esencia de la técnica. Por tanto, no se dice nada sobre la esencia de la técnica al representarla como técnica de máquinas.

El engranaje, en cuanto tal, preconfigura cada recurso para que su existencia dependa exclusivamente de la máquina. ¿En qué sentido? El engranaje reúne la acumulación de mecanismos que estabiliza lo que puede ser solicitado, lo que, a su vez, está dispuesto con el único propósito de permanecer en su lugar y listo para su uso. El engranaje reúne la solicitación en sí misma circulante de lo que está disponible.* El engranaje es, en sí mismo, la circulación acumulativa y activa que permite solicitar lo que está disponible en el proceso de solicitación. El engranaje dispone todo en función de la igualdad de lo solicitable, de modo que reaparezca una y otra vez bajo la misma forma en la igualdad de la solicitabilidad.

El engranaje, entendido como esta circulación del solicitar, encierra en sí la esencia de la máquina. A esta le pertenece la rotación, sin que necesariamente tenga la forma de una rueda, ya que la rueda está determinada por la rotación, no la rotación por las ruedas.

La rotación es el movimiento rotatorio que regresa sobre sí mismo y activa un recurso disponible (el combustible) en el proceso de solicitar algo que puede ser requerido (fuerza motriz). La rotación de la máquina está dispuesta, es decir, es provocada y sostenida en una circulación basada en el mecanismo, que es el rasgo esencial del engranaje.

Mucho antes de que a finales del siglo XVIII se inventara y pusiera en marcha la primera máquina en Inglaterra, el engranaje —pensado como la esencia de la técnica— ya operaba de manera oculta. Esto significa que la esencia de la técnica ya estaba en funcionamiento, de tal manera que por primera vez iluminó el ámbito que permitiría iniciar el desarrollo y la invención de máquinas generadoras de energía.[1]

A pesar de que podamos describir la máquina más moderna con gran pericia y explicar su construcción con gran precisión, siempre la concebimos en términos técnicos. Nunca la pensamos desde la perspectiva de la *esencia* de la técnica. Sin embargo, la esencia de la técnica no es en sí misma nada técnico. Cada construcción de una máquina ya se mueve dentro del espacio esencial de la técnica. No obstante, como construcción técnica, no es capaz de captar la *esencia* de la máquina.

---

1 Una consecuencia esencial de esta apertura es la física moderna, que se basa en la *objetividad;* la esfera misma de la *inventabilidad.*

Esto es tan difícil como intentar calcular la esencia de la matemática con medios matemáticos, o definir la esencia de la historiografía* mediante investigaciones historiográficas.

En el camino que hemos recorrido hasta aquí debe 35 bastar para mostrar el lugar esencial que ocupa la máquina. La máquina no es nada que exista por sí solo. No es en absoluto solo una especie más compleja de herramienta y utensilio, ni un sistema de transmisión que funcione por sí mismo, en contraste con la rueca de la campesina o de la rueda de cangilones que se utiliza en los arrozales chinos. La máquina no se limita a sustituir aperos y herramientas. Tampoco es un objeto que está frente a nosotros. Existe en la medida en que funciona. Funciona en la medida en que se mueve. Funciona dentro del mecanismo de la fábrica. El mecanismo impulsa como la actividad de solicitar lo que está disponible. Cuando la máquina se detiene, su interrupción es un estado del mecanismo, ya sea porque esté apagada o averiada. Pero la maquinaria no es un simple conjunto de máquinas. La maquinaria funciona a partir de la acumulación de mecanismos, que es la forma en que el engranaje solicita el fondo permanente.

Aunque esta transformación no sea perceptible de manera inmediata, el engranaje ha eliminado desde el principio todos aquellos lugares donde antes se encontraban la rueca y el molino de agua. A través de su maquinaria, el engranaje ordena otro tipo y otra disposición de lugares, donde solo tiene cabida lo que está en su lugar y listo para ser solicitado de manera uniforme.

Así, la forma en que la máquina misma produce algo es fundamentalmente diferente del trabajo artesanal, suponiendo que todavía exista algún tipo de producción artesanal dentro del engranaje.

Los tractores y automóviles se lanzan al mercado, son producidos en serie, uno tras otro. ¿Dónde se encuentra ese producto que se presenta de esta manera? ¿Dónde y en qué estado se coloca?

El automóvil se presenta de tal manera que esté listo y en su lugar para poder ser entregado de manera inmediata y constante. No se produce para quedarse quieto como una jarra. Por el contrario, el automóvil se presenta como algo que puede ser solicitado; algo que, a su vez, puede ser requerido como medio de transporte para facilitar el tránsito.

Las piezas producidas por la máquina se incorporan al fondo permanente como algo que puede ser solicitado. Lo producido es una pieza de reserva [*Bestand-Stück*]. Este término se toma ahora en un sentido nuevo y riguroso.

La pieza [*Stück*] es algo diferente de la parte [*Teil*]. La parte comparte el todo con otras partes. Participa en el todo y forma parte de él de manera integral.[m] La pieza, en cambio, está separada, incluso está aislada de las otras piezas. Nunca forma un todo con las demás piezas. La pieza de reserva tampoco se vincula con las de su misma clase en el fondo permanente. Al contrario, el fondo permanente ha sido fragmentado en elementos

m   Complementa su totalidad.

que pueden ser solicitados. La fragmentación no descompone, sino que constituye el fondo mismo de las piezas de reserva. Cada una de estas piezas queda integrada y confinada dentro de un circuito de solicitabilidad. La separación de una pieza de otra equivale a encerrar cada elemento separado en un sistema de solicitación.[n]

Si intentáramos reunir las piezas de reserva de una flota de automóviles, pieza por pieza, y colocarlas en algún lugar, estaríamos sacándolas del circuito de su solicitabilidad. Esto resultaría en una especie de cementerio de automóviles. En cambio, en el caso del parque de automóviles, cada vehículo está disponible y se presenta en su capacidad de ser solicitado, cada uno es una pieza situada de una reserva ordenada de pedidos.

Las piezas de reserva son, pieza por pieza, las mismas. Su carácter de pieza exige esta uniformidad. Al ser iguales, las piezas están completamente separadas entre sí; de esta manera refuerzan y aseguran su carácter de pieza. La uniformidad de las piezas permite el intercambio de una pieza por otra sin mayores problemas, es decir, permite el reemplazo inmediato por otra y garantiza su disponibilidad. Una pieza de reserva es reemplazable por otra. La pieza como tal está dispuesta para su reemplazabilidad [*Ersetzbarkeit*]. «Pieza de reserva» significa que cada pieza separada está lista para ser intercambiada en el marco de un proceso de solicitación.

Incluso cuando hablamos de una parte de la máquina, es importante entender que nunca se trata de una

n   Unidad del fondo permanente: ¿cómo?

parte en sentido estricto. Es cierto que está integrada en el mecanismo, pero solo como pieza intercambiable. En cambio, mi mano no es una pieza de mí. Yo mismo estoy completamente presente en cada gesto de mi mano, siempre y en cada momento.

En el caso del término «pieza» estamos acostumbrados a representarnos algo inanimado, aunque también se hable de una pieza de ganado. Sin embargo, las piezas de reserva se integran en cada caso en un proceso de solicitación y quedan dispuestas por este. Es cierto que el ser humano también pertenece a lo así dispuesto, aunque a su manera, ya sea al operar la máquina, ya sea al participar en su construcción y fabricación dentro del proceso de solicitación de la maquinaria.[o] En la era de la dominación de la técnica, el ser humano forma parte por su propia naturaleza de la esencia de la técnica (es decir, del engranaje), y es requerido por este último. A su manera, el ser humano es una pieza de reserva en el sentido más estricto de las palabras «reserva» y «pieza».

El ser humano es intercambiable dentro del proceso de solicitación del fondo permanente. El hecho de que sea una pieza de reserva es la condición para que pueda convertirse en el funcionario de este mismo proceso. Sin embargo, el ser humano pertenece al engranaje de una forma completamente distinta a la de la máquina. Esta forma puede volverse inhumana.[p] En última instancia, lo *in*humano sigue siendo in*humano*. El ser humano

o De esta manera excepcional, a pesar de toda la uniformidad.
p Y lo ha sido.

nunca se convierte en una máquina. Sin duda, lo inhumano que todavía conserva ciertos rasgos de humanidad es más inquietante, puesto que es más maligno y destructivo que un ser humano que simplemente fuera una máquina.

El ser humano que vive en esta época forma parte del engranaje, incluso si no se encuentra directamente frente a máquinas y al servicio de una maquinaria. El guardabosques, por ejemplo, que examina la madera cortada en el bosque y que, según parece, todavía recorre los mismos caminos y de la misma forma que lo hacía su abuelo, está hoy en día plenamente integrado en la industria que se dedica a la explotación maderera. Lo sepa o no, el guardabosques es a su manera una pieza de reserva de este fondo destinado a la fabricación de celulosa y a la capacidad de ser solicitado para la producción de papel que luego se entrega a los periódicos y las revistas ilustradas, que, a su vez, se destinan al consumo de la opinión pública.

La radio y el cine forman parte de los recursos solicitados que contribuyen a establecer, provocar y organizar la opinión pública. Sus maquinarias son piezas de reserva de ese fondo permanente que trasladan todo a la opinión pública y, de este modo, ordenan la opinión pública sin establecer distinción alguna entre las personas. No solo la maquinaria es una pieza de reserva que forma parte de este fondo permanente que contribuye a la información y el control de la opinión pública, sino que, a su manera, también lo son los empleados de esta industria —incluidos los miembros el consejo de administración de la radio—. Este consejo es puesto por ese fondo llamado «radio», que es requerido para mantener esta empresa. Como pieza de reserva de este fondo permanente, el consejo permanece encerrado en él. Imaginemos el improbable caso de que un consejo administrativo de la radio recomendara la abolición de la radio. El consejo sería destituido de la noche a la mañana, precisamente porque su existencia depende de ser puesto allí como una pieza de reserva en el engranaje que ordena la opinión pública.

Cada oyente que gira el dial de su radio sufre el mismo tipo de aislamiento que las piezas de reserva, es decir, permanece aislado y confinado como una pieza del fondo permanente, incluso si cree que es completamente libre a la hora de encender y apagar su aparato. En realidad, su libertad consiste en que debe desembarazarse una y otra vez de la presión ejercida por la fuerza de la opinión pública, una presión que es inexorable.

Los seres humanos no se limitan a ser simples piezas de reserva de la radio. En su esencia, ya están definidos por el carácter de ser pieza de reserva. Imaginemos un caso aún más improbable: que de repente, en todos los rincones de la tierra y en cada habitación, desaparecieran los receptores de radio. ¿Quién podría imaginar el desconcierto, el aburrimiento y el vacío que de golpe invadirían a las personas y trastocarían por completo su vida cotidiana?

Aquí, por supuesto, no se pretende juzgar a los oyentes de radio ni a la radio misma. Solo se trata de señalar que en el fondo permanente conocido como radio domina un solicitar y un disponer que inciden en la esencia del ser humano. Debido a esto, y teniendo en cuenta

39

que el ser humano nunca decide por sí mismo sobre su propia esencia de una manera independiente, la solicitación del fondo permanente y el engranaje (que representa la esencia de la técnica) no pueden ser algo meramente humano. Por tanto, se comete un error al intentar derivar la técnica de la inteligencia humana, y mucho menos de la inteligencia artística. Lo artístico presupone el *ars*, el *ars* presupone la τέχνη y esta última presupone la esencia de lo que tiene el carácter de la *téchne*.

El fondo permanente del engranaje consiste en las piezas de reserva y en la manera en que se solicitan. Las piezas de reserva son lo que permanece en el fondo permanente. Por esta razón, es fundamental pensar en su permanencia a partir de la esencia del fondo permanente, es decir, a partir del engranaje.

Uno habitualmente concibe lo permanente como lo que persiste, que es algo que está presente de manera duradera. Pero lo que está presente puede afectar al ser humano según diferentes modalidades de presencia, las cuales determinan las épocas de la historia del ser en Occidente. Lo que está presente puede aparecer como lo que emerge, lo que surge por sí mismo, pasando del ocultamiento* al desocultamiento.* Lo que está así presente lo llamamos, en su venir a la presencia, «lo proveniente» [«lo surgido», «lo emergido», «lo que ha venido a estar»].

Lo presente puede manifestarse como lo creado por el Creador. El Creador, a su vez, es Él que está constantemente presente en todas partes y en todas las cosas. Lo presente también puede presentarse como lo que está puesto en la representación humana, para ser considerado y confrontado. En este caso, lo presente se convierte en un objeto que está frente a la representación;* la representación, como *percipere,* es el *cogitare* del *ego cogito*, es decir, de la *conscientia*, de la conciencia, de la autoconciencia que pertenece al sujeto. «Lo que está frente a» [*Gegen-stand*] es el objeto* para el sujeto.

40

Lo que está presente también puede considerarse como algo estable, en el sentido de las piezas de reserva que constituyen el fondo permanente. Este fondo, al estar constantemente disponible, se coloca en esa disposición* en la que prevalece el engranaje.

El engranaje es la esencia de la técnica. Su disposición es universal. Se dirige hacia la unidad de todo lo que está presente. Así, el engranaje establece la forma en que cada cosa presente se manifiesta ahora. Todo lo que existe es —en sus múltiples formas y variaciones, ya sea de manera manifiesta o todavía oculta— una pieza de reserva del fondo permanente que está integrada en el proceso de solicitación del engranaje. Lo permanente se funda en la posibilidad de reemplazar y solicitar una pieza a través del pedido de otra pieza equivalente.

La esencia de la técnica es el engranaje. El engranaje ordena.* Ordena lo que está presente con la obligación de presentarse.* El engranaje ordena lo que está presente como fondo permanente. El elemento estable del fondo permanente son las piezas de reserva. Su estabilidad consiste en la capacidad de reemplazar algo [una pieza] por medio del pedido de algo [de otra pieza] equivalente, que está en su lugar y listo para usar. Sin embargo, aquí surge una duda. Si la esencia de la técnica consiste en el engranaje, pero la técnica busca disponer las fuerzas y materias primas de la naturaleza —es decir, provocarlas como aquello que, una vez extraído, canaliza todo hacia la obtención de un resultado exitoso—, entonces parece evidente que la esencia de la técnica no es universal. Las fuerzas y las materias primas de la naturaleza establecen límites claros a la técnica, manteniéndola dependiente de la naturaleza como fuente y reserva del fondo técnico. Por tanto, no podemos afirmar que todo lo que está presente se manifiesta de una manera estable en el proceso de solicitación del engranaje. El engranaje no abarca todo lo que está presente. La técnica es solo una realidad entre otras realidades. La técnica está muy lejos de constituir la realidad de todo lo real y efectivo.

¿Qué sucede con la esencia de la técnica? ¿Es universal o no? ¿Cuál es la relación entre la técnica y la naturaleza? 41

¿Qué entendemos por naturaleza en un contexto que la coloca fuera del ámbito constituido por el fondo técnico, al que el solicitar debe volver una y otra vez? ¿Cómo se manifiesta la naturaleza si la técnica, que depende de la naturaleza, extrae de ella los materiales y las fuerzas de sus centrales eléctricas? ¿Cuáles son las fuerzas naturales que se ponen a disposición de la técnica? La respuesta nos la proporcionan las ciencias naturales. La disciplina fundamental de la ciencia que se ocupa del mundo físico es la física. La física, en realidad, no nos dice nada sobre la esencia de la fuerza, pero nos brinda la oportunidad para que reflexionemos sobre cómo las ciencias naturales conciben lo que llaman «fuerza». Desde el punto de vista físico, la fuerza natural solo es accesible a través de sus efectos, porque solo en sus efectos se puede calcular la magnitud de la fuerza. En este cálculo, la fuerza se convierte en objeto. Las ciencias naturales concentran su interés en este objeto de cálculo. La naturaleza se representa como algo real, cuantificado y medido, que se manifiesta objetivamente en sus efectos. Estos efectos, a su vez, se consideran presentes solo en la medida en que producen otros efectos y resultan ser efectivos. Lo presente de la naturaleza es lo real y efectivo. Lo real y efectivo [*Wirkliche*] es lo eficaz [*Wirksame*]. La presencia de la naturaleza consiste en esta eficacia. A través de ella, la naturaleza puede traer algo a su lugar y tenerlo inmediatamente listo, es decir, permitir que suceda.

La fuerza es lo que se aplica a un objeto para provocar un efecto susceptible de medición. Las fuerzas de la naturaleza son representadas por la física en el sentido de la disposición mediante la cual el engranaje ordena lo que está presente. La naturaleza se relaciona con la técnica de una manera muy específica: como un sistema que ordena resultados a partir de elementos eficazmente dispuestos. Kant fue el primero en pensar en esta esencia de la naturaleza y establecer un marco de referencia, aunque sin aludir explícitamente al engranaje. La eficacia de lo real —la naturaleza— no es más que la capacidad de ser ordenada para obtener un resultado. Esto significa que la naturaleza no se enfrenta a la técnica como algo indeterminado y presente en sí mismo, ni como un objeto que pueda explotarse a conveniencia. En la era de la técnica, la naturaleza se convierte desde el principio en una parte integral del fondo permanente que puede ser solicitada en el marco del engranaje.[q]

Es posible que se argumente que esto afecta a las fuerzas de la naturaleza que son, por así decirlo, aprovechadas por la técnica. Sin embargo, los materiales naturales han existido fuera del fondo técnico desde hace mucho tiempo, mucho antes de que comenzara la técnica. La química define la naturaleza de los materiales en sí mismos, en su realidad objetiva.

¿Cómo toma la ciencia el material de la naturaleza? Lo concibe como materia. ¿Cuál es la característica física fundamental de la materia? Es la inercia. ¿Qué entiende la física por inercia? Según la física, la inercia es la persistencia en el estado de movimiento. Lo mismo puede decirse del reposo, que desde un punto de vista físico-matemático representa un caso límite del movimiento. La inercia es resistencia al cambio de movimiento. La resistencia actúa como una fuerza opuesta a la aceleración. Visto como materia, el material se concibe en función del movimiento y de su eficacia; se piensa a partir de la fuerza que hay que aplicar, es decir, poner, para modificar el respectivo estado de movimiento y así producir otro estado diferente.

Para la física, la naturaleza es el fondo permanente de energía y materia. Energía y materia son las piezas de reserva de la naturaleza. Desde el punto de vista de la inercia, la materia se determina a partir de la energía. Sin embargo, la energía es vista como algo eficaz, capaz de ser

q Física atómica.

solicitado para la disposición ordenada de un resultado. La fuerza misma es algo susceptible de ser solicitado; puede solicitarse por su capacidad de conservación, transformación y almacenamiento —características relacionadas con la capacidad de solicitar energía de la que se puede disponer continuamente—.

Tanto las fuerzas naturales como los materiales naturales se representan fisicoquímicamente como partes del fondo permanente ordenante y ordenable; re-presentado implica una ambigüedad esencial del término «re-presentado», que sugiere que las fuerzas y los materiales naturales se colocan desde el principio en la perspectiva del cálculo.

La naturaleza, que aparentemente se opone a la técnica, está integrada en el fondo permanente del engranaje como recurso fundamental. Históricamente, la esencia de la técnica moderna comienza a desplegar su dominio con el inicio de las ciencias naturales modernas hace tres siglos y medio. ¿Qué significa esto? No significa que la técnica moderna fuera inicialmente solo una ciencia natural que luego se llevara al terreno de la aplicación; más bien, la esencia de la técnica moderna —el engranaje— comenzó con el acto fundamental y esencial de solicitar, en la medida en que desde el principio permitió que la naturaleza se convirtiera en un recurso fundamental. La técnica moderna no es simplemente la aplicación de la ciencia natural, sino que la ciencia natural moderna es una forma de aplicar la esencia de la técnica, en la que esta última se dirige a su recurso fundamental con el fin de asegurarla en su utilizabilidad.

Para las ciencias naturales, algo puede considerarse presente solo si y en la medida en que se puede calcular de antemano. Esta precalculabilidad de los procesos naturales, que resulta determinante para toda representación de la ciencia natural, considera la naturaleza como un recurso que puede ser solicitado con miras a la obtención de un resultado. Tanto si esa calculabilidad resulta inequívoca y segura como si solo es probable y por ello aprehensible únicamente por medios estadísticos, esto no altera en lo más mínimo la esencia de la naturaleza que, desde el prisma de la esencia de la técnica, se concibe como un recurso.[r] Es cierto que la física atómica, desde el punto de vista del cálculo y de la experimentación, es diferente de la física clásica. Sin embargo, si se piensa en términos de su esencia, sigue siendo la misma física.

En la era de la técnica, la naturaleza no es un límite de la técnica; más bien, la naturaleza es la pieza de reserva fundamental del fondo técnico —y nada más—.

La naturaleza ya no es siquiera un objeto que está 44 colocado frente a nosotros [*Gegen-stand*]. Como pieza fundamental de este fondo permanente en el engranaje, es algo constante, cuyo estado y estabilidad se determinan únicamente a partir del acto de solicitación. Todo lo que está presente, incluyendo la naturaleza, se manifiesta como un recurso constante que es solicitado por el engranaje.

El engranaje es universal en su disposición. Afecta a todo lo que está presente; todo, no solo a las cosas en su

r Las máquinas, los procesos atómicos y los métodos correspondientes.

conjunto y de manera sucesiva, sino todo en la medida en que cada cosa presente, como tal, está dispuesta en su existencia a partir del proceso de solicitación. No importa si somos conscientes de este carácter de lo presente cada vez que lo constatamos, o, lo que es mucho más común, si lo pasamos por alto durante un tiempo prolongado y continuamos considerando la realidad de lo real de una manera habitual que, al ser analizada cuidadosamente, resulta ser confusa.[s]

En la era de la técnica, todo lo que está presente se manifiesta de acuerdo con la estabilidad propia de las piezas de reserva que constituyen el fondo permanente. También el ser humano existe de esta manera, aunque en ocasiones pueda parecer que su esencia y su presencia no se ven afectadas por la disposición del engranaje.

La estabilidad de las piezas de reserva se caracteriza por la uniformidad. En el engranaje todo se dispone para que lo igual pueda ser reemplazado por otro igual. De este modo el engranaje mantiene inalterable su mecanismo y acumula de antemano todo lo que puede ser solicitado en la igualdad de la ilimitada solicitabilidad de todos los recursos existentes en el fondo permanente. La

s Véase *Ciencia y meditación*. [N. del T.: Conferencia impartida en 1953 y publicada por primera vez en *Vorträge und Aufsätze* en 1954. Nuevamente editada y publicada en el marco de las *Obras completas* (GA): «Wissenschaft und Besinnung», en *Vorträge und Aufsäzte* (GA 7), Fráncfort del Meno, Vittorio Klostermann, 2000, pp. 37-55. Trad. cast. de Eustaquio Barjau: «Ciencia y meditación», en *Conferencias y artículos*, Barcelona, Serbal, 1994, pp. 33-55].

posibilidad de intercambiar constantemente elementos equivalentes también es válida para el fondo de reservas disponibles. Que todo lo estable tenga el mismo valor garantiza su permanencia mediante la posibilidad inmediata de ser reemplazado. El fondo permanente consiste en esta capacidad de solicitación del engranaje. En el fondo permanente todo queda sometido a la lógica de la equi-valencia [*Gleich-Giltig*]. El fondo permanente solicita lo carente de distancia.

Todo lo real converge en la uniforme ausencia de distancia. La cercanía y la lejanía de lo que está presente permanecen ausentes. Nuestra reflexión comenzó con esta indicación. Los aviones y todos los medios de transporte, que continúan aumentando su velocidad, acortan las distancias. Hoy en día, cualquiera sabe esto. Todos aseguran que la tierra se hace más pequeña. Todos saben que la causa de todo esto es la técnica.

Comprendemos este hecho sin necesidad de seguir caminos tan complejos, como los que hemos recorrido hasta ahora al reflexionar sobre la cosa y su despliegue como cosa [su cosear], sobre el engranaje y su disposición, sobre el fondo permanente y sus piezas de reserva.

¿Por qué seguimos este camino del pensamiento para obtener una mirada en lo que es? Porque no queremos simplemente constatar un número arbitrariamente creciente de percepciones que todo el mundo conoce en la era técnica. Lo decisivo no es que las distancias se reduzcan con ayuda de la técnica, sino que la cercanía sigue ausente. Tampoco nos limitamos a constatar esto. Reflexionamos sobre la esencia de la cercanía para experimentar en qué medida permanece ausente y para profundizar en qué es lo que ocurre en esta ausencia.[t] No nos dedicamos a investigar los efectos externos de la técnica para describir sus consecuencias. En lugar de eso, indagamos en la esencia de la técnica para entender cómo —de acuerdo con esta esencia—la falta de cercanía se relaciona con el desarrollo esencial de la técnica. Las máquinas de la técnica pueden acortar las distancias, pero, aún así, no traen cercanía, ya que de antemano la esencia de la técnica no admite ni cercanía ni lejanía. Sin embargo, no nos lanzamos a una meditación sobre la esencia de la técnica para construir o siquiera esbozar el edificio de una filosofía de la técnica. La técnica se entiende esencialmente como engranaje. Pero ¿qué domina en el engranaje? ¿De dónde y cómo se manifiesta la esencia del engranaje?[u]

t ¿Por qué justamente cercanía? ¡Cercanía y *di-ferencia*!
u El engranaje como «esencia» en sentido amplio.

EL PELIGRO

El engranaje* ordena y solicita el fondo permanente.* Al mismo tiempo, incluso antes que esto, el engranaje impide la cercanía. El hecho de que, en el engranaje, que en todas partes solicita lo equivalente y carente de distancia, la cercanía permanezca ausente nos ofrece una indicación acerca de la esencia del engranaje. Esta falta de cercanía parece ser constitutiva de la propia esencia del engranaje, precisamente porque el engranaje se manifiesta de tal manera que impide la cercanía.

¿Qué ocurre cuando se impide la cercanía? En ese caso, ¿cómo se manifiesta la esencia del engranaje? La cercanía acerca. La cercanía acerca el mundo.[a]

Sin embargo, el mundo es el juego de espejos aún oculto de la cuaternidad* de cielo y tierra, mortales y divinos. Acercar el mundo consiste en desplegar las cosas. Si se impide la cercanía que acerca, la cosa permanece oculta como cosa.*

El proceso de solicitación* universal del engranaje hace que todo lo presente se manifieste solo como pieza de reserva del fondo permanente. En el fondo permanente, ya no se admite ni siquiera la existencia de objetos,* y

a Distancia y cercanía.

mucho menos la cosa en su calidad de cosa. El engranaje se caracteriza esencialmente por no proteger la cosa como tal. En la esencia del engranaje, la cosa permanece desprotegida como cosa. La esencia del engranaje deja a la cosa sin protección. En nuestro idioma, allí donde todavía se habla de forma originaria, la palabra *die Wahr* [«la guarda»] significa *Hut* [«protección»]. En nuestro dialecto suabo, la palabra *die Wahr* se refiere a «los niños confiados a la protección materna». Al disponer y colocar las cosas, el engranaje las deja sin protección —sin la guarda* de su esencia como cosa—.[b] La esencia del engranaje no resguarda la cosa como cosa. El engranaje despliega su esencia en la medida en que deja a la cosa sin protección.

47 No obstante, dado que el engranaje —aunque de manera oculta— domina desde hace mucho tiempo y mediante el acto de solicitar arrastra cada vez con más decisión todo lo presente hacia el fondo permanente, sucede que bajo el dominio del engranaje la cosa en cuanto cosa queda cada vez más desprotegida. En su dinámica de acumular mecanismos, que en todas partes solo asegura la disponibilidad* del fondo permanente, el engranaje arrastra la cosa —inicialmente desprotegida en su esencia— hacia un estado de creciente desprotección y abandono.*

En la esencia del engranaje acontece el abandono de la cosa como cosa.

La palabra «abandono» se toma aquí en un sentido literal, es decir, se piensa a partir de una cuestión pensada

b   ¡Solo esto! ¿Acaso no acontece en el destino la falta de la esencia de la verdad?

previamente; ya que lo que se piensa correctamente se expresa de manera adecuada, y lo que se expresa adecuadamente implica un buen pensamiento. «Abandono» no significa aquí ni deslizarse en la negligencia ni degenerar en el desorden. El término «abandono» que empleamos ahora carece de connotaciones peyorativas y no contiene ningún juicio de valor. El abandono de la cosa nombra lo que sucede en la esencia del engranaje, mostrándonos la esencia la técnica.

¿Qué ocurre en el abandono de la cosa? ¿Qué ha ocurrido ya, si la cosa todavía no puede desplegarse como cosa?

En su despliegue, la cosa acerca el mundo y hace que el mundo permanezca. Pero si la cosa, desprotegida como está, no se despliega, el mundo queda negado en su calidad de mundo. En el abandono de la cosa se produce la negación del mundo.

Sin embargo, el mundo es el juego de espejos aún oculto de la cuaternidad de cielo y tierra, mortales y divinos.

El mundo mundea.* Pero el mundear del mundo no solo no se experimenta propiamente ni se comprende de manera adecuada, sino que además todavía somos completamente incapaces de pensar este mundear del mundo en sus propios términos y de corresponderle.[c] Por eso necesitamos ayudas. Esas ayudas nos llevan, ciertamente por necesidad, a representar el mundear del mundo partiendo de algo distinto, en lugar de pensarlo propiamente desde 48

c Acontecimiento apropiador.

sí mismo. Ese «algo otro», desde el cual ahora pensamos de modo representativo el mundear del mundo, tampoco puede ser del todo ajeno a la esencia del mundo. Nos pasa, en cambio, que tomamos por la esencia del mundo a ese «algo otro» [a ese otro punto de partida] desde el cual comprendemos el mundear del mundo; cuando, en realidad, lo que llamamos el mundear del mundo es la esencia oculta de lo que empleamos para caracterizarlo. De ese modo seguimos deliberadamente un camino erróneo que parece inevitable. Sin embargo, al recorrerlo con conocimiento de causa, nos es posible retroceder y corregirlo llegado el momento.

El mundo es la cuaternidad de tierra y cielo, divinos y mortales. El juego de espejos de la cuaternización* salvaguarda todo lo que, desplegándose como cosa entre los cuatro, está presente y ausente en el todo que unifica su presencia. Desde los tiempos antiguos, la presencia de lo presente se denomina τὸ ἐόν, el ente; τὸ εἶναι se refiere al ser, es decir, el ser de los ἐόντα, del ente, el *esse entium.*

El mundo acontece iluminando y protegiendo el desplegar de las cosas. El mundo salvaguarda así la esencia de la presencia en cuanto tal. Al mundear, el mundo salvaguarda la esencia de aquello que se manifiesta como el ser de los entes.

Ahora concebimos el mundo en términos de lo que nos es familiar: el ser de los entes. Así concebido, el mundo es aquello que salvaguarda el ser en su esencia. En este sentido, el mundo es la salvaguarda de la esencia del ser. En lugar de *Wahrnis* [«salvaguarda»] decimos también *Wahrheit* [«verdad»], y con ello pensamos este término fundamental de manera más originaria a partir del mundear del mundo.

El juego de espejos aún oculto que se produce en la cuaternidad de tierra y cielo, divinos y mortales se despliega como mundo. El mundo es la verdad de la esencia del ser.

Así caracterizamos ahora el mundo desde la perspectiva del ser. Representado así, parece que el mundo está subordinado al ser, pero en realidad es la esencia del ser la que se manifiesta a partir del mundear oculto del mundo.[d] El mundo no es simplemente una forma de ser ni está sometido a este. El ser debe apropiarse de su esencia a partir del mundear del mundo. Esto indica que el mundear del mundo es el acontecer en un sentido que todavía no hemos experimentado plenamente. Solo cuando el mundo acontece propiamente, el ser —pero con él también la nada— se desvanece en el mundear. Solo cuando la nada, disolviéndose en su esencia fundada en la verdad del ser, desaparece en esta, se supera el nihilismo.

Sin embargo, el mundo sigue negándose como mundo y se retrae en su propio ocultamiento.*

Permanecer oculto se dice en griego λανθάνειν. Λήθη es el ocultamiento. El mundo, al negarse en su mundear, permanece oculto como la procedencia esencial del ser. Sin embargo, el mundo permanece en el ocultamiento (Λήθη) de tal manera que su mismo estado de ocultamiento posibilita un desocultamiento:[e] la Ἀλήθεια. La

---

d   (Acontecimiento apropiador).

e   Desvelamiento.

Ἀλήθεια ilumina y contiene la presencia de lo presente en el desocultamiento.* El ente, en su ser, se manifiesta como ente-presente desde la Ἀλήθεια. En el desocultamiento de lo que está presente como tal, es decir, en la Ἀλήθεια, reside y se despliega la riqueza esencial del destino del ser de todo ente.

La Ἀλήθεια se destina a sí misma en el acto de contener que ilumina lo presente. Se dispone a desplegar lo que está presente en la dimensión destinal de su presencia. La Ἀλήθεια es el destino* del ser, en el que se articula y ordena la totalidad de la historia del ser en sus diferentes épocas. No obstante, la Ἀ-λήθεια —es decir, el desocultamiento de lo que está presente como tal— se manifiesta solo cuando y mientras acontece el ocultamiento, la Λήθη. La Ἀλήθεια no elimina la Λήθη. El desocultamiento no agota el ocultamiento; en realidad, el desocultamiento necesita y exige siempre el ocultamiento, de modo que lo confirma como fuente primordial de la Ἀλήθεια. La Ἀλήθεια se atiene a la Λήθη y se mantiene en ella. Esto sucede de manera que la Ἀλήθεια 50 misma, como tal,[f] recae nuevamente en el ocultamiento en favor de lo que está presente en cuanto tal. Lo que está presente prevalece sobre aquello en lo que se manifiesta. De hecho, el estar-presente —es decir, el perdurar y el permanecer en el claro de una apertura mundana— solo puede manifestarse en la medida en que se produce el desocultamiento, independientemente de si este se

f Protege, permanece atrás; y, en consecuencia, primero ὀρθότης.

experimenta y se representa de forma explícita o no. De hecho, la Ἀλήθεια no se mantiene propiamente en su propia esencia, sino que tiende hacia el ocultamiento, es decir, hacia la Λήθη. La Ἀλήθεια cae en el olvido. Este olvido no consiste simplemente en la incapacidad de la representación humana de retener algo en la memoria; el olvido, la caída en el ocultamiento, acontece con la Ἀλήθεια misma en favor de la esencia de aquel ente-presente que se manifiesta en el desocultamiento. Λήθη es el olvido de la salvaguarda de la esencia del ser. Así, la Λήθη se convierte en la fuente y el origen que permite el dominio de las diversas formas de ser. La expresión simplificada y frecuentemente malinterpretada *Seinsvergessenheit* [«olvido del ser»] significa que tanto la esencia del ser, el presentarse, junto con su procedencia esencial desde la Ἀλήθεια como acontecimiento de la esencia de esta así como la Ἀλήθεια misma, todos caen en el ocultamiento.[g] Con esta caída en el ocultamiento se sustraen la esencia de la Ἀλήθεια y el presentarse, permaneciendo[h] inaccesibles a la percepción y representación humanas. Por eso el pensamiento humano no puede pensar la esencia del desocultamiento y el presentarse en él. Incapaz de recordar, el pensamiento humano ha olvidado desde el principio la esencia del ser. Pero este olvido humano se debe a que la propia esencia del ser acontece como olvido, como caída en el ocultamiento.[i] Este aconte-

g   Permanece en ella.

h   Inmediatamente.

i   Olvido de la diferencia: abandono de la cosa, negación

cimiento reposa en que el mundo, entendido como la salvaguarda [*Wahrnis*] de la esencia del ser, se niega a sí mismo. La señal de que se ha producido esa negación se oculta en el destino del ser, un destino que configura las épocas del olvido del ser, de modo que estas, como épocas del desvelamiento del ente en su totalidad, determinan la historia europeo-occidental hasta su actual expansión planetaria, lo que explica por qué la lucha moderna por el dominio de la tierra se concentra en las posiciones de las dos actuales potencias «mundiales».

La negación del mundo acontece como abandono de la cosa.[j] La negación del mundo y el abandono de la cosa se encuentran en una relación singular; son, como esa relación, lo mismo, aunque no equivalentes.

¿De qué manera acontece la negación del mundo como abandono de la cosa? Acontece a través del despliegue de la esencia del engranaje. El engranaje solicita todo lo que está presente como piezas estables del inventario que constituye el fondo permanente. Al solicitar así el fondo permanente, el engranaje coloca todo lo que está presente en un estado caracterizado por la falta de distancia. El engranaje atañe a la presencia de todo lo que está presente como tal. Por tanto, en su esencia, el engranaje constituye el ser de los entes en su destino más extremo y presumiblemente consumado.

El engranaje es la esencia de la técnica moderna. La esencia del engranaje es el ser mismo del ente; no en

---

del mundo.

j Del presentarse.

general ni desde siempre, sino ahora que el olvido de la esencia del ser llega a su consumación. El acontecimiento de esta consumación del olvido del ser determina ante todo la época en que ahora el ser se manifiesta en el modo del engranaje. Se trata de la época caracterizada por el abandono consumado de la cosa por parte del engranaje. Pero el mundo, que al mundear posibilita el despliegue de las cosas, permanece oculto; y precisamente ese ocultamiento permite el desocultamiento de lo que está presente y, con ello, el presentarse, el ser del ente. Al resguardar la verdad de la esencia del ser y al 52 enviar el ser hacia su destino, el mundo es el ser mismo.

El engranaje —que domina lo que está presente en la modalidad del abandono de la cosa— es el ser mismo.

El mundo y el engranaje son lo mismo. Sin embargo, es importante recordar que lo mismo no es lo equivalente. Lo mismo tampoco es solo la confluencia indiferenciada de lo idéntico. Lo mismo implica más bien una relación de diferenciación. En el acontecer de esta relación, lo mismo queda necesariamente sostenido, protegido y custodiado y, por tanto, permanece retenido en sentido estricto. El mundo y el engranaje son lo mismo, pero se oponen el uno al otro hasta el extremo de su esencia.

Sin embargo, la contraposición de mundo y engranaje no es una simple oposición observable y, por tanto, representable entre dos objetos presentes a la mano. Esta contraposición acontece. Acontece en el núcleo mismo que define la esencia del propio ser. Al solicitar y ordenar todo lo presente en el fondo permanente, el engranaje coloca la presencia de lo presente fuera de su procedencia esencial, es decir, fuera de la Ἀλήθεια. Al solicitar y ordenar el fondo permanente, el engranaje permite el dominio de la falta de distancia. Todo tiene un valor equivalente. En el caso de lo que es equivalente, ya no importa si se manifiesta como algo desoculto frente a algo que está oculto.

Al solicitar y ordenar el fondo permanente, el engranaje provoca que el desocultamiento y su esencia caigan en un completo olvido. El engranaje, como esencia del ser, coloca el ser fuera de la verdad de su esencia, despojándolo de su verdad.

En el despliegue de la esencia del engranaje, el ser mismo se depone de la verdad de su esencia, aunque en este deponerse y distanciarse nunca puede desvincularse plenamente de la esencia del Ser* [*Seyn*]. En la medida en que el engranaje despliega su esencia, la salvaguarda de la esencia del ser* [*Sein*] —es decir, el mundo— queda sometida al dominio del engranaje que, a su vez, niega el mundo a través del abandono de la cosa.

Así, en la esencia y el reino del engranaje, la llegada del mundear del mundo queda retenida. Sin embargo, este acontecimiento de la retención del mundo introduce una lejanía oculta con respecto al mundear del mundo.[k]

En el engranaje, entendido como el destino consumado del olvido de la esencia del ser, reluce apenas un rayo procedente de la llegada lejana del mundo. El hecho de que el mundo niegue su propio mundear no

k Solo posible en la medida en que el engranaje es el acontecimiento.

significa que no ocurra nada con el mundo; al contrario, esa negación irradia una forma elevada de cercanía propia de la más remota lejanía del mundo.

El mundo y el engranaje son lo mismo; representan dos facetas de la esencia del ser. El mundo actúa como la salvaguarda de la esencia del ser, mientras que el engranaje encarna el olvido consumado de la verdad del ser. Lo mismo, es decir, la esencia en sí misma diferenciada del ser, se encuentra por su propia naturaleza en una contradicción, en el sentido de que el mundo se desplaza veladamente hacia el engranaje. El engranaje, sin embargo, no solo se aparta del mundear oculto del mundo, sino que, al solicitar todo lo que está presente e integrarlo en el fondo permanente, impone al mundo la consumación del olvido de su propio mundear. De tal manera que[l] el engranaje busca la verdad de la esencia del ser mediante el olvido. Esta búsqueda es el verdadero acto de disponer que constituye la esencia del engranaje. En esa búsqueda[m] radica la forma de disponer del engranaje que, al solicitar y organizar el fondo permanente, coloca todo lo que está presente en el abandono de la cosa. Este tipo de búsqueda es la más íntima esencia del disponer en el que se manifiesta el engranaje.

En el antiguo alto alemán, *nachstellen* [«buscar», «perseguir»] se dice: *fara*. El acto de poner reunido

---

l   Visto demasiado unilateralmente en términos de mundo.

m   El término se utiliza aquí de una forma distinta a como se emplea en el contexto de la teoría y la observación, aunque existe una conexión entre ambos significados.

en sí mismo como búsqueda es *die Gefahr* [«el peligro»]. El rasgo fundamental de la esencia del peligro es esa búsqueda. En la medida en que el ser (*Sein*), entendido como engranaje, se busca a sí mismo mediante el olvido de su esencia, el Ser (*Seyn*) en cuanto Ser se convierte en el peligro para su propia esencia. Pensado a partir de la esencia del engranaje y en relación con la negación del mundo y el abandono de la cosa, el Ser es el peligro.[n] El Ser es en sí mismo, desde sí mismo y para sí mismo el peligro por excelencia. Esta búsqueda, que persigue su propia esencia mediante el olvido de dicha esencia, es la que convierte el Ser como Ser en el peligro. Este carácter esencial del peligro es cómo lo mismo —el mundo y el engranaje en cuanto distintos modos de la esencia del Ser— se expulsan de sí mismos al perseguirse mutuamente. Pensar que el Ser sea el peligro para sí mismo puede parecernos extraño y prestarse a malentendidos. Por eso debemos aclarar: pensado desde la esencia del engranaje que persigue, el Ser no se presenta simplemente como peligroso, sino justamente al contrario: el Ser, que hasta ahora se desplegaba en la metafísica a partir de la *idea*, pertenece —por su esencia hasta ahora oculta— a lo que hoy gobierna al Ser como peligro.

El peligro es ese perseguir que reúne en sí al engranaje que, en la modalidad del abandono de la cosa, persigue el mundo que se niega a sí mismo mediante el olvido de su verdad.

n Al revés.

La esencia de la técnica es el engranaje. La esencia del engranaje es el peligro. El Ser es, en su esencia, el peligro de sí mismo. El peligro concebido de esta manera encarna al mismo tiempo un peligro para el pensamiento humano. La zona de esta peligrosidad del peligro, que el pensamiento humano debe atravesar para experimentar la esencia del Ser, es lo que en otro lugar y con anterioridad se ha denominado «errancia» [*Irre*]. Es importante aclarar que esta errancia no es un error del conocimiento, sino que forma parte de la esencia de la verdad en el sentido del desocultamiento del Ser. La esencia de la errancia se funda en la esencia del Ser como peligro.

Desde este punto de vista, el aspecto más peligroso del peligro consiste en que se oculta como el peligro que es. Al perseguir la esencia del ser, el engranaje encubre su naturaleza esencialmente peligrosa. Por eso muchas veces no nos damos cuenta de dicha esencia del Ser, que se manifiesta en sí misma como el peligro de la verdad de su esencia, y si lo hacemos, es solo con gran dificultad.

Todavía no experimentamos el peligro como peligro. No experimentamos el engranaje como la esencia del ser que se persigue a sí misma y, al hacerlo, se oculta. Aunque nuestra relación con el ser nos domina, no experimentamos en el ser mismo su naturaleza esencialmente peligrosa, a pesar de que todo lo que nos rodea está lleno de peligros y necesidades. En lugar de dirigir nuestra atención hacia el peligro que reside en la esencia del ser, los riesgos y las aflicciones nos ciegan ante él. Lo más peligroso es que el peligro no se muestra. El ser mismo nos parece inofensivo y carente de peligro, ya que para algunos es el concepto más general y vacío —¿qué puede ser más inofensivo que un concepto vacío?—, mientras que para otros se identifica con el ente supremo, es decir, con Dios.[o]

El peligro, que acontece como la esencia del engranaje en la era del dominio de la técnica, alcanza su máxima expresión cuando, en medio de este peligro singular, lo que se extiende por todas partes son solo cosas inocuas —las muchas tribulaciones fortuitas— que encubren la verdadera amenaza.

Cada peligro trae consigo una necesidad. Esta necesidad nos arroja al desconcierto y nos empuja a la desesperación. Donde *el* peligro se oculta, también lo hace *la* necesidad, de modo que no la experimentamos como tal. No hay duda de que nos encontramos con muchos tipos de necesidades y sufrimientos, que intentamos remediar y mitigar puntualmente gracias a una forma básica de solidaridad que, mediante acciones discretas, utiliza todos los recursos disponibles para aliviar los diversos sufrimientos y calmar las necesidades. Sin embargo, no se presta atención a *la* necesidad. En situaciones de necesidad extrema, especialmente frente a un peligro inminente, domina una aparente ausencia de necesidad. En realidad, y de modo oculto, esa ausencia es la necesidad propiamente dicha.

Todos padecemos necesidades. Nadie está en *la* necesidad, porque *el* peligro parece no existir. Aun así,

o   Suponiendo, sin embargo, que Dios no sea el ser en sí mismo, sino el ente más presente, ¿quién se atrevería hoy a afirmar que, así concebido, Dios representa *el* peligro para el Ser?

¿hay momentos en los que podríamos darnos cuenta de *la* necesidad, del dominio de la falta de necesidad? Hay señales que podrían alertarnos; simplemente no les prestamos atención.

Cientos de miles mueren en masa. ¿Mueren realmente? Perecen. Son aniquilados. ¿Mueren? Se convierten en piezas de reserva de un fondo permanente de fabricación de cadáveres. ¿Mueren? Son liquidados discretamente en campos de exterminio. Y aun sin llegar a tales extremos, actualmente en China millones caen en la miseria y se mueren de hambre.

Morir significa llevar la muerte a su verdadera esencia. Poder morir significa ser capaz de llevar a cabo ese proceso. Solo podemos hacerlo si nuestra esencia se corresponde con la esencia de la muerte.

A pesar de las innumerables muertes, la esencia de la muerte permanece oculta. La muerte no es ni la nada vacía ni un mero tránsito de un ente a otro. *La muerte forma parte de la existencia del ser humano tal como acontece desde la esencia del Ser.* La muerte oculta y a la vez resguarda la esencia del Ser. La muerte es el más alto refugio oculto [*Gebirg*] de la verdad del Ser mismo; un refugio que oculta y resguarda en sí el ocultamiento de la esencia del Ser y reúne la salvación de su esencia. Por eso el ser humano solo puede afrontar la muerte cuando el Ser mismo, desde la verdad de su esencia, hace propia la esencia humana en la esencia del Ser. *La muerte se convierte en el refugio oculto del Ser en el poema del mundo.* Ser capaces de la muerte en su esencia significa poder morir. Solo aquellos que pueden morir son los mortales en el sentido pleno de la palabra. Por todas partes hay necesidades masivas y muertes incontables, horriblemente no muertas, y, sin embargo, la esencia de la muerte sigue oculta para el ser humano. Todavía no somos verdaderamente mortales.

Incontables sufrimientos se extienden y se propagan por la tierra. La marea del sufrimiento asciende continuamente. Y, sin embargo, la esencia del dolor se oculta. El dolor es la grieta [*Riß*] en la que se dibuja el esquema fundamental [*Grundriß*] de la cuaternidad del mundo. Desde ese esquema lo grandioso adquiere una magnitud que sobrepasa al ser humano. En la grieta del dolor lo excelso conserva su permanencia. Y esa grieta del dolor convierte la procesión velada de un favor recibido [*Gunst*] en una llegada de gracia [*Huld*] hasta entonces desaprovechada. Por todas partes nos asedian sufrimientos innumerables e inconmensurables. Nosotros, sin embargo, carecemos de dolor; no hemos sido hechos partícipes de la esencia del dolor.

Asistimos a una extensión aterradora de empobrecimiento. El ejército de pobres crece y crece. Y, sin embargo, la esencia de la pobreza se oculta. En la pobreza sucede que lo simple y lo apacible de todo lo que es esencial se transforma de una manera casi imperceptible en la propiedad en la que las cosas de un mundo concedido desea habitar.

La muerte como refugio oculto del Ser, el dolor como rasgo fundamental del Ser y la pobreza como liberación en la propiedad del Ser: son signos en los que el peligro muestra que, en medio de enormes necesidades, *la* necesidad misma permanece ausente y que *el* peligro no se *presenta* como tal. El peligro se oculta encubriéndose mediante el engranaje. El engranaje, a su vez, se oculta en aquello que deja esenciar: en la técnica. Este hecho explica por qué nuestra relación con la esencia de la técnica es tan extraña. ¿En qué sentido es extraña? En el sentido de que la esencia de la técnica no se manifiesta como engranaje, ni la esencia del engranaje como peligro, ni el peligro como el Ser mismo. Así, precisamente ahora, cuando todo se encuentra cada vez más impregnado por manifestaciones técnicas y por los efectos de la técnica, tendemos a malinterpretar la técnica. Tendemos a pensar en la técnica en términos demasiado simplistas o demasiado apresurados.

Podríamos sentir la tentación de replicar a lo que se comenta sobre la técnica, el engranaje y el peligro: que la técnica es un peligro. Hoy, este comentario se proclama por doquier y con insistencia. Muchos incluso sostienen que la técnica representa la ruina para la alta cultura, porque arrastra todo a una civilización simplemente superficial. Se dice que la técnica es la catástrofe del mundo moderno, cuyo inevitable colapso se atribuye al dominio incontenible de la técnica.

Hoy se emiten juicios sobre la técnica de modos muy distintos: unas veces con pasión y en tono de advertencia, y otras veces de forma vacilante y desalentadora. Estos juicios determinan de varias formas la opinión corriente que tenemos sobre la técnica, a pesar de que al mismo tiempo se persiga ávidamente el último avance técnico, a veces incluso con verdadera ansia. Pero no se trata simplemente de una contradicción entre juicio y actitud respecto a la técnica que pudiera invocarse como objeción; después de todo, ¿acaso nuestra existencia no se contradice y, aún así, es real —quizá más real que la mera coherencia lógica? Respecto a los juicios sobre la técnica que hemos mencionado, enfoquémonos ahora en cómo la representan. No examinan la técnica desde la perspectiva de su esencia y de su procedencia, sino que consideran sus efectos sobre ámbitos de realidad que se supone quedan fuera de la esfera esencial de la técnica: la cultura, la política, la moralidad y la religión. Se calcula de qué manera la técnica, supuestamente una realidad más entre otras, afecta a las demás realidades. Se investiga cómo la técnica desafía y dispone las restantes realidades obligándolas a presentarse, y así determina su desarrollo o su degradación desde la óptica de la utilidad o el daño. Se contempla la técnica en términos técnicos. Este modo de contemplación concuerda con la técnica y, por tanto, queda sometido al poder de evaluación técnico. Precisamente por ello, la evaluación técnica sobre la técnica nunca alcanza su esencia; más aún, desde el principio obstruye el acceso al ámbito esencial de la técnica. Esas posiciones no han pensado a fondo la esencia de la técnica; al no hablar desde ese horizonte, sus valoraciones son superficiales. Por ello, da igual que se condene la técnica como una desgracia o ensalzarla como el mayor progreso de la humanidad, proclamándola como la salvación del ser humano. La actitud hacia la técnica sigue siendo confusa y contradictoria. En lugar de emprender el trabajo del pensamiento necesario para

59

confrontar nuestra condición humana con la esencia de la técnica (y no solo con sus aplicaciones y usos), nos esforzamos —caso por caso, situación por situación— en abrirnos paso entre sus contradicciones. Ese constante ajetreo nos impide alcanzar lo que realmente anhelamos: dominar la técnica mediante la acción humana y orientarla de manera que respete la dignidad humana. ¿Cómo podrá realizarse eso a escala humana e histórica si no nos tomamos en serio la pregunta por la esencia de la técnica y su relación esencial con el ser humano? Solo cuando entendamos que el pensar es la vía para abrir y entrar en el ámbito esencial de la técnica, y desde allí actuar y reflexionar técnicamente, podremos tomar decisiones adecuadas sobre la técnica.

Existen teorías que sostienen que la técnica no es ni buena ni mala en sí misma. Se dice que la técnica es neutral; todo dependería de cómo el ser humano la emplee, de su habilidad para controlarla y de su voluntad de orientarla hacia fines superiores. En última instancia, todo dependería de la capacidad humana para someter la técnica a criterios morales y religiosos o no.

Nadie negará la seriedad de la responsabilidad que conlleva esta posición sobre la técnica. Y, sin embargo, también esta forma de considerar la técnica piensa tan poco en su esencia como las anteriores; porque quien presenta la técnica como neutral la considera todavía como un instrumento mediante el cual se provoca y ordena otra cosa. Quien toma la técnica como algo neutral vuelve a representarla en términos solo instrumentales, 60 es decir, técnicos. Pero la técnica no se agota en sus aspectos técnicos visibles; precisamente ahí es donde se oculta su esencia.

La esencia de la técnica no es en sí misma nada técnico. Aquellos que proclaman la neutralidad de la técnica suscitan la falsa apariencia de que la contemplan con criterios objetivos, incluso en sí misma, esto es, libre de todo juicio de valor. Pero esta apariencia es engañosa. Se puede concebir la técnica como diabólica, divina o neutral, pero en todas estas concepciones y valoraciones ya se está inconscientemente de acuerdo en que la técnica es un medio para un fin. Tomada como medio, la técnica se coloca en manos humanas y se la reduce a una realidad más entre otras. Quien, consciente o inconscientemente, adopta este punto de vista parece tener una valoración positiva y respetuosa de la técnica. En verdad, entenderla instrumentalmente solo como un medio o una herramienta degrada su esencia. La técnica no es simplemente un ente más, porque es el ser mismo el que se manifiesta en la técnica y como técnica. En cambio, el pensamiento que intenta captar la esencia de la técnica en la reunión dominante de un poner universal —es decir, en el engranaje pensado en esos términos— encierra en sí la pretensión tácita de dignificarla. Hoy, esa pretensión es difícil de superar. No mencionamos aquí las opiniones corrientes sobre la técnica para reprenderlas por descuidar el pensamiento, o para reprocharles que nunca llegan a penetrar en la esencia de la técnica, o incluso para refutarlas como juicios erróneos. Las distintas opiniones sobre la técnica, dominantes en múltiples variantes e históricamente necesarias, se mencionan ahora únicamente con el fin de esclarecer cómo el dominio de la esencia de la técnica ordena la manera en que los humanos conciben la técnica en su conjunto.

El poder esencial de la técnica no radica primera- mente en los efectos que producen las máquinas de alta frecuencia, sino en el hecho de que la técnica se muestra a la representación humana —ante todo y por lo general— solo de manera técnica. La esencia de la técnica —el engranaje— produce su propio encubrimiento.

Estamos sometidos a este encubrimiento incluso cuando, de forma confusa y por un instante, percibimos que la técnica dejó hace mucho tiempo de ser solo un instrumento y que, en realidad, es ella la conduce al ser humano como si fuera su instrumento, tanto si seguimos ese impulso ciegamente como si tratamos de usar la técnica con fines curativos y beneficiosos. El ser humano está expuesto al enigmático encubrimiento de la esencia de la técnica incluso allí donde se reconoce que la técnica, al final, es más y algo diferente que un simple medio en manos del ser humano.

La técnica no se convierte al final en un simple instrumento; por el contrario, nunca desde su comienzo esencial fue un medio en manos del ser humano. Desde el inicio, ha evitado ser tratada como un medio, aunque la apariencia cotidiana de sus éxitos y logros sugiera lo contrario.

El hecho de afirmar que la técnica pueda ser algo distinto de un simple medio suele venir acompañado de palabras grandilocuentes pero poco meditadas; así se libera del riesgo de afrontar el impulso oscuro que la propia esencia de la técnica ejerce sobre la humanidad. Se dice que la técnica es algo demoníaco. Se afirma que su naturaleza demoníaca coloca la voluntad y la acción humanas en una encrucijada trágica. En tiempos de miseria como el nuestro, conviene evitar retomar palabras de épocas que pensaban en grande, cuando solo lo grande iluminaba y preservaba los ámbitos de manifestación de los dioses, de los δαίμονες, y del destino, de la τύχη.

En realidad, el horror ante la supuesta naturaleza demoníaca de la técnica y sus presuntas consecuencias trágicas revela el miedo a ejercer un pensamiento que piensa sobre lo que realmente *es;* un pensamiento que —fuera de los trucos y de la sagacidad del intelecto, pero también fuera del sentimentalismo— busca sobriamente su camino en lo que debe ser pensado. La técnica no es, en su esencia, ni un medio para un fin, ni ella misma es un fin. Su esencia se sitúa fuera del ámbito de fines y medios, un ámbito determinado por efectos causales y así delimitado como el ámbito de lo efectivamente real. La técnica no es en su esencia una realidad al lado de otras realidades. Es el rasgo oculto de la realidad de todo lo que ahora es efectivamente real. El rasgo fundamental de la realidad efectiva es la presencia. El presentarse pertenece a la esencia del ser mismo. La esencia de la técnica es el Ser mismo en la forma esencial del engranaje. Pero la esencia del engranaje es *el peligro*. Pero conviene aclarar: el engranaje no es el peligro porque sea la esencia de la técnica y porque de la técnica puedan surgir efectos amenazantes y peligrosos. El peligro es el engranaje no como técnica, sino como el Ser. El elemento esencial del peligro es el Ser mismo, en la medida en que busca la verdad de su esencia mediante su olvido. La esencia de la técnica se designa con el inusual término *das Ge-Stell* [«el engranaje»], precisamente porque esa esencia no es otra cosa que el Ser mismo.

Después de haber reflexionado sobre algunos aspectos relacionados con la esencia de la técnica entendida como el ser de lo que ahora es, conviene examinar brevemente el término que hemos usado para designar esa esencia, a saber, la palabra *Ge-Stell* [«engranaje»].

La palabra alemana *stellen* [«poner», «colocar», «disponer»] se corresponde con el griego θέσις, suponiendo que pensemos θέσις en griego. ¿Qué significa en este caso «pensar en griego»? Significa prestar atención a cómo los antiguos griegos asumieron el claro de la esencia del Ser y ver de qué manera lo hicieron; significa considerar previamente el destino y el tipo de desocultamiento del ser en que se encontraban los griegos; puesto que ese destino orientó su idioma y la forma en que cada palabra operaba en ese idioma. Prestar atención al griego es considerablemente más difícil que la práctica de la filología clásica. Por ello, esta atención se encuentra más expuesta al error que esa ciencia. «Pensar en griego» no equivale a seguir pasivamente doctrinas filológicas. Si así fuera, correríamos el riesgo de entregar el pensamiento y lo que debe ser pensado en manos de una historiografía que, como ciencia, vive del hecho de no reconocer sus presupuestos engañosos. ¿Qué dice la palabra θέσις si la pensamos en griego? θέσις significa *stellen* [«poner», «colocar», «disponer»]. Ese «poner» corresponde a la Φύσις, en la medida que se determina desde la Φύσις, dentro del ámbito de la Φύσις y desde su relación con ella. Esto significa que dentro de la Φύσις misma se oculta un cierto carácter de θέσις. En el mundo griego, se establece una diferencia fundamental entre las palabras φύσει y θέσει, que afecta a la manera en que lo presente se presenta como tal. Esta diferencia concierne a la presencia de lo presente, es decir, al ser. Las palabras θέσει y θέσις se piensan en relación con el ser. Así se anuncia ya en las primeras fases de la historia del ser la relación entre ser y poner. Si atendemos a esto, no debería sorprendernos que en una época posterior el ser se dé en la modalidad de un poner [*Stellen*] en el sentido de engranaje [*Ge-Stell*]. Por ello, y esto es algo que hay que subrayar una y otra vez, debemos pensar *Ge-Stell* [«engranaje»] de manera análoga a *Gewächs* [«planta»]; *Ge-wächs:* la reunión de *Wachstum* [«lo que crece y se desarrolla»]; *Ge-Stell:* la reunión del *Stellen* [«disposición, acto de disponer o poner»] en el sentido de perseguir [*Nachstellen*] y solicitar [*Bestellen*] que hemos descrito antes. No debe extrañarnos, pues, que la esencia del ser establezca una relación esencial con el disponer; lo sorprendente es que durante siglos nunca se haya indagado en esta relación. ¿En qué sentido y de qué manera ya en los albores del destino del ser se muestra en el ser, es decir, en la Φύσις, ese carácter de θέσις?

64 La palabra Φύσις dice: el emerger iluminador que desde sí mismo trae-a-la-luz lo que se muestra desde el ocultamiento hacia el desocultamiento. Φύσις es el traer-a-la-luz que ilumina y emerge desde sí mismo. Sin embargo, no debemos entender la palabra *hervorbringen*

[«traer a la luz», «traer hacia adelante»] en un sentido impreciso y excesivamente común que nos lleve a pensar que no requiere explicación; más bien, tenemos que pensar el traer-a-la-luz como un proceso unitario formado por el ocultamiento (Λήθη) y el desocultamiento (Ἀ-λήθεια), que se relacionan esencialmente entre sí, es decir, que se preservan mutuamente en su esencia. Traer-a-la-luz, pensado en el sentido griego de Φύσις, significa: traer algo del estado de ocultamiento* hacia el estado de desocultamiento.* «Traer» quiere decir: dejar que algo llegue y se presente por sí mismo.[p] Solo si domina la Φύσις es posible y necesaria la θέσις. Solo cuando algo es traído a la presencia a través de este traer-a-la-luz, es posible que —mediante un poner humano (θέσις)— sobre esta cosa presente (por ejemplo, la roca) y a partir de ella (la roca) pueda colocarse allí otra cosa presente (como la escalera de piedra y sus escalones) debajo de lo ya presente (la roca natural y el suelo). Esta cosa presente (la escalera de piedra) se manifiesta como algo que —a través del poner humano (θέσις), es decir, de la producción— se vuelve estable. *Lo que se presenta a través del poner humano (θέσις) tiene una esencia distinta de lo que es creado por naturaleza (Φύσις).* Sin embargo, resulta común concebir lo que se trae-a-la-luz y se coloca delante de nosotros [*das Her- und Vor-gebrachte*] en la Φύσις, (y, por tanto, lo que está efectivamente presente) como algo que permanece por sí mismo [*ein Her-ständiges*]. Lo que se ha traído a la luz en la Φύσις no ha venido a

p Λόγος: traer-a-estar-delante, dejar-estar-delante.

estar en lo desoculto a través de un producir humano,[q] sino a través de su misma capacidad de traer a la luz. El traer en la forma de Φύσις significa posicionar algo junto a otra cosa, un poner que dispone lo que se presenta por sí mismo en el desocultamiento. La Φύσις —como un poner desde sí mismo algo en el desocultamiento— es un dejar-presentarse de lo presente en el desocultamiento.[r] Este dejar-presentarse de lo presente [*Anwesenlassen von Anwesendem*] constituye el ser de los entes. La Φύσις —el traer-a-la-luz lo que emerge de sí mismo— se muestra desde el principio como una especie de poner que no es obra de la acción humana; al contrario, la Φύσις entrega al producir y representar humanos lo que se presenta tal como es, al mismo tiempo que pone el desocultamiento a disposición humana. Así, mediante el traer y dar, proporciona un refugio en el desocultamiento. Pero este poner —este dejar-permanecer y proteger que desde sí trae-a-la-luz— todavía no tiene nada de los rasgos que la esencia del Ser muestra en su destino que acontece como engranaje.[s] Con todo, el poner [*Stellen*] según la modalidad del engranaje que persigue y solicita procede de un origen oculto y guarda una afinidad esencial con el poner en el sentido de Φύσις.

La palabra «engranaje» nombra la esencia de la técnica. La técnica no se define por el mero procedimiento

q   Ποίησις.

r   «Traer-a-la-cercanía»; perdurar en el «ser esencialmente» presente.

s   ¡Ambiguo!

técnico de fabricar y utilizar un aparato que se nos presenta como un «dispositivo» al estilo de andamiajes y equipamientos, sino por la forma de solicitar y perseguir. La esencia de la técnica lleva el nombre de «engranaje» porque el *Stellen* [el poner, el disponer] nombrado en el *Ge-Stell* [el engranaje] es el ser mismo; el Ser, sin embargo, se mostró al inicio de su destino como Φύσις, como aquello que emerge desde sí mismo y trae-a-la-luz. Es desde esta esencia del Ser, desde la Φύσις, que el Ser —que hoy en día se presenta como engranaje— toma prestado ese nombre.

La investigación sobre la genealogía de la esencia del engranaje —es decir, la esencia de la técnica— remonta hasta la fuente primordial de la Φύσις y desde ahí muestra la procedencia esencial del destino del ser propio de la civilización europea y occidental, hoy extendida a escala planetaria. En la Φύσις, el desocultamiento de lo presente se manifiesta como un llamamiento originario y oculto de la esencia del ser. Ese llamamiento no deja de resonar desde los albores de la cultura griega. Su eco más reciente resuena en la formulación nietzscheana de la voluntad de poder que habita en el eterno retorno de lo mismo. Lo que el pensador dice del ser no es simplemente su opinión personal; lo dicho es el eco de una llamada que habla a través de él, en la que se manifiesta el Ser mismo y en la que el Ser se hace palabra.

Ser un eco es más arduo y, por eso, menos frecuente que formular opiniones o sostener puntos de vista. Ser un eco implica la carga del pensamiento: una pasión que se manifiesta como sobriedad silenciosa, mucho más difícil y vulnerable que la tan proclamada objetividad de la investigación científica. Ser un eco de la llamada del ser exige un cuidado del lenguaje que el estilo técnico y terminológico del lenguaje científico no alcanza a tener. La internacionalidad del lenguaje científico es la prueba más evidente de su desarraigo y falta de hogar, lo cual no significa que el arraigo y el carácter autóctono del lenguaje se puedan garantizar, determinar o incluso fundar únicamente por medio de meros criterios de nacionalidad. El carácter autóctono de un lenguaje elevado solo puede florecer en el ámbito de la inquietante llamada del silencio esencial que procede de la esencia del Ser.

El término «engranaje», aplicado a la técnica y pensado desde ella, indica que su esencia constituye una época del Ser, porque ese modo de poner está enraizado en el destino primigenio del Ser (Φύσις – Θέσις). La Θέσις, el acto de poner, que permanece oculta en la esencia de la Φύσις en los albores del destino del Ser, reaparece en la época más tardía de la filosofía moderna: allí donde Kant, como puro eco de la llamada del ser de los entes que le conciernen, habló de la esencia del ser en términos de «posición absoluta», del estar-colocado y del estar-puesto de lo objetual, es decir, de lo que está presente.[t]

t ¿Pero puesto por quién? ¿Por el sujeto humano? ¿Con qué derecho? [N. del T.: Véase I. Kant, «Der einzig mögliche Beweisgrund zu einer Demonstration des Dasein Gottes», en *Kants Gesammelte Schriften. Vorkritische Schriften II* (1757–1777, vol. 2, pp. 63-163,

El engranaje, pensado como un término que expresa la esencia de la técnica y no como una palabra corriente que se utiliza habitualmente en un tono peyorativo, nos dice: la técnica no es un simple producto de la cultura ni una mera manifestación de la civilización. En su esencia, la técnica dominante se define como la reunión del poner en el sentido de ordenar y solicitar todo lo que está presente en el fondo permanente. Sin embargo, el rasgo fundamental de ese poner solicitante [*bestellenden Stellens*] se manifiesta en esa búsqueda en la que el Ser mismo persigue su propia esencia mediante el olvido de esta.[u] El Ser mismo se manifiesta en la medida en que se aparta de su esencia, volviéndose hacia esta esencia mediante el olvido de esta.

---

edición de la *Königlich Preußischen Akademie der Wissenschaften*), Berlín, Georg Reimer, 1912, p. 73].

u ¿Por qué motivo? ¿Cómo pensar esto desde el acontecimiento apropiador?

EL VIRAJE

La esencia del engranaje* representa el conjunto de disposiciones que persigue su propia verdad esencial mediante
el olvido. Esta búsqueda se oculta desplegándose en el
proceso de la solicitación* de todo lo que está presente
como fondo permanente.* Allí se instala y desde ahí
ejerce su dominio.

El engranaje se manifiesta como el peligro. Sin embargo, ¿existe el peligro ya *como* peligro? No. Es cierto
que los riesgos y las necesidades presionan desmesu-
radamente a los humanos en todas partes y en todo
momento. Pero el verdadero peligro —el Ser mismo
que se ve amenazado en la verdad de su esencia— permanece velado y encubierto. Este encubrimiento es lo
más peligroso del peligro. Debido a este encubrimiento
del peligro que opera a través del solicitar del engranaje,
persiste la apariencia de que la técnica sea simplemente
un medio en manos del ser humano. En realidad, es
la esencia del ser humano la que ahora está puesta al
servicio de la esencia de la técnica.

¿Significa esto que el ser humano es impotente ante
la técnica y está a merced de ella, tanto para bien como
para mal? No. Significa exactamente lo contrario; no solo
esto, sino mucho más, porque se trata de algo diferente.

Si el engranaje es un destino* esencial del Ser mismo, podemos suponer que se transforma como una de las formas esenciales del Ser entre otras. De hecho, lo destinal [*Geschickliche*] en el destino [*Geschick*] consiste en que se destina [*schickt*] a una destinación [*Schickung*] siempre única. Destinarse significa: disponerse a seguir la indicación dada, a la que aguarda otro destino todavía velado. Lo destinal se encamina siempre hacia un momento señalado que lo envía a otro destino, aunque sin perderse o disolverse en él. Aún no tenemos la experiencia ni la paciencia para pensar la esencia de lo destinal en términos de destino, destinación y destinarse. Todavía tendemos, por hábito, a concebir lo destinal como mero acontecimiento y representarlo como una sucesión de eventos que pueden constatarse historiográficamente.* Situamos la historia* en el ámbito de lo que acontece, en lugar de pensarla de acuerdo con su origen esencial en el destino. Sin embargo, el destino es esencialmente el destino del ser, de tal manera que el ser mismo se destina, se manifiesta en cada caso como destino y se transforma en términos destinales. Cuando se produce un cambio en el ser, como el que se manifiesta actualmente en la esencia de la técnica, esto no significa en absoluto que la técnica —cuya esencia descansa en el engranaje— vaya a ser eliminada. No es ni reprimida ni mucho menos destruida.

Si la esencia de la técnica —el engranaje concebido como el peligro en el Ser* (*Seyn*)— es el Ser mismo, entonces la técnica nunca podrá ser dominada —ni en términos positivos ni negativos— por una acción humana que se basa exclusivamente en sí misma. La técnica, cuya esencia es el ser* (*Sein*) mismo, nunca puede ser superada por el ser humano. Esto significaría que el ser humano es el dueño del ser.

Puesto que el Ser se ha destinado como esencia de la técnica en el engranaje, y puesto que a la esencia del Ser pertenece la *esencia* humana —en cuanto la esencia del Ser necesita al ser humano para ser custodiada como ser conforme a su propia esencia en medio de los entes y, así, manifestarse como Ser—, la transformación del destino de la técnica no puede llevarse a cabo sin la cooperación del ser humano. Esto no significa que la técnica quede superada por la simple acción humana; muy al contrario, la esencia de la técnica es transpuesta hacia su verdad aún oculta. Esta superación* es semejante a lo que sucede cuando en el ámbito humano se supera un dolor. La superación de un destino del ser —en este caso, la superación del engranaje— ocurre siempre por la irrupción de otro destino, el cual no puede predecirse de forma lógico-historiográfica ni construirse metafísicamente como resultado de un proceso histórico. En realidad, lo histórico —ni siquiera el acontecer historiográficamente representado— no determina nunca el destino [*Geschick*]; antes bien, cada acontecimiento ya es en sí la manifestación destinante [*das Geschickliche*] de un destino del Ser.

Es cierto que para llevar a cabo la superación de la esencia de la técnica se requiere al ser humano; pero se requiere al ser humano en su esencia, en cuanto esta corresponde a dicha superación. Por eso la esencia del ser humano debe primero abrirse a la esencia de la técnica;

esto es algo totalmente distinto al proceso por el cual los humanos afirman y fomentan la técnica y sus medios. Para que el ser humano preste atención a la esencia de la técnica y se establezca una relación esencial, el hombre moderno debe reencontrarse primero con la amplitud de su espacio esencial. Este espacio esencial del ser humano recibe su orientación de la relación única en la que la salvaguarda del propio Ser se identifica con la esencia del ser humano en tanto que este sirve al Ser. Si no es así —es decir, si el ser humano no se asienta y habita primero en su propio espacio esencial—, no podrá lograr nada verdaderamente esencial dentro del destino que hoy impera. Al reflexionar sobre esto, detengámonos a considerar y pensar a fondo la siguiente cita del Maestro Eckhart: «Die nitt von grossem Wesen sind, was werk die wirkend, da wirt nit us» [«Aquellos que no son de gran esencia, cualquier trabajo que realicen, no dará frutos»] (*Discursos de la diferencia,* n. 4).[1]

La esencia profunda del ser humano radica en que forma parte de la esencia del ser y que el ser la requiere para salvaguardar su verdad. Por ello es necesario que ante todo empecemos a reflexionar sobre la esencia del ser como algo digno de ser pensado, que primero la experimentemos mediante el pensar y abramos un camino que nos permita avanzar por terrenos hasta ahora intransitados.

---

1 M. Eckhart, *Reden der Unterscheidung*, edición a cargo de Ernst Diedrichs (reedición anastática de la edición de 1913), Bonn, 1925, p. 8.

Solo podremos llevar a cabo todo esto si —antes de dejarnos arrastrar por la siempre apremiante pregunta «¿qué debemos hacer?»— nos paramos primero y ante todo a meditar sobre la pregunta: «¿cómo debemos pensar?». Pensar es la verdadera acción, donde actuar significa ayudar a la esencia del Ser y preparar el lugar donde el Ser y su esencia pueden hacerse palabra. Sin lenguaje, cualquier intento de reflexión se queda sin camino y sin rumbo. Sin lenguaje, nuestras acciones quedan privadas de cualquier dimensión donde moverse y operar. El lenguaje no es simplemente la expresión del pensar, del sentir y del querer. El lenguaje es la esfera originaria que permite que el ser humano corresponda por primera vez al ser y a su llamada y, en esa correspondencia, pertenecer a él. Esta correspondencia originaria, llevada a cabo propiamente, es el pensar. Solo pensando aprendemos a habitar en el ámbito en el que acontece la superación del destino del ser, es decir, la superación del engranaje.

La esencia del engranaje es el peligro. Como peligro, el ser cae en el olvido de su propia esencia y, con ello, se vuelve también contra la verdad de su esencia. Este virar aún no pensado ejerce su dominio en el peligro. En la esencia del peligro se oculta por tanto la posibilidad de un viraje* [*Kehre*], por el cual el olvido de la esencia del ser* (*Sein*) se invierte, y con ese viraje la verdad de la esencia del Ser* (*Seyn*) llega a habitar propiamente en lo que existe.

Probablemente, ese viraje del olvido del ser hacia la salvaguarda de la esencia del Ser solo se produzca si el peligro, virante [*kehrig*] en su esencia oculta, se manifiesta primero como el peligro que es. Quizá ya nos encontramos en las sombras que anticipan la llegada de este viraje. Nadie sabe cuándo y cómo acontecerá en términos de destino. Tampoco es necesario saberlo. Saberlo sería incluso perjudicial para el ser humano, porque su esencia consiste en ser el que espera: aquel que espera y cuida la esencia del Ser protegiéndola mediante el pensar. Solo si el ser humano, en cuanto pastor del ser, espera y cuida la verdad del Ser, puede esperarse la llegada de otro destino del ser sin caer en la simple ansia de conocimiento.

Ahora bien, ¿qué ocurre cuando el peligro se manifiesta como peligro y, por tanto, se revela por primera vez como el peligro? Para encontrar la respuesta a esta pregunta, prestemos atención a una referencia contenida en un verso de Hölderlin. En la versión tardía del himno *Patmos*, el poeta empieza diciendo:

«Dónde hay peligro, crece
También lo que salva».[2]

Si ahora consideramos este verso de manera aún más esencial de lo que el poeta lo poetizó y lo llevamos al extremo, viene a decir:

Allí donde el peligro se manifiesta como peligro, ya se encuentra lo que salva. Lo salvador no aparece como un añadido. No está junto al peligro. El peligro mismo,

2 F. Hölderlin, *Sämtliche Werke*, edición crítica iniciada por Norbert von Hellingrath y continuada por Friedrich Seebass y Ludwig von Pigenot, Berlín, Propyläen, ²1923, vol. IV, 2, p. 227.

cuando se da como peligro, es lo que salva. El peligro es lo salvador en la medida en que, por su propia esencia, trae consigo lo que salva. ¿Qué significa «salvar»? Significa: soltar, liberar, eximir, cuidar, proteger, poner bajo protección, salvaguardar. Lessing todavía usa la palabra «salvación» de manera enfática en el sentido de «justificación»: «restituir algo a lo justo y esencial, y protegerlo en ello». Lo verdaderamente salvador es lo que guarda y protege, la salvaguarda [*Wahrnis*].

¿Dónde está, pues, el peligro? ¿Cuál es su lugar? En la medida en que el peligro es el Ser mismo, está en todas partes y en ninguna parte. No tiene un lugar definido. Es la localidad sin lugar de todo lo que está presente. El peligro constituye la época del Ser en cuanto se manifiesta como engranaje.

Cuando el peligro se manifiesta como peligro, su esencia se revela propiamente. El peligro es la búsqueda por la cual el Ser mismo, en la forma del engranaje, persigue la salvaguarda del Ser mediante el olvido. En esa búsqueda el Ser arroja su verdad al olvido y, de este modo, niega su propia esencia. Así pues, cuando el peligro se reconoce abiertamente, acontece la búsqueda mediante la cual el Ser mismo persigue su verdad mediante el olvido. El olvido entra en escena y retorna cuando esa búsqueda acompañada de olvido acontece propiamente. Arrancado de su olvido por este retorno,* deja de ser olvido. Con la entrada en escena de ese retorno el olvido de la salvaguarda del Ser ya no es el olvido del Ser, sino que, al retornar, se transforma en la salvaguarda del Ser. Si el peligro es en cuanto peligro, con el viraje del olvido acontece la salvaguarda del Ser, acontece el mundo. El hecho de que el mundo acontezca como mundo y que la cosa sea cosa constituye la llegada lejana de la esencia del Ser mismo.

La persistente negación de la verdad del Ser, que se busca a sí mismo mediante el olvido, encierra una gracia aún no concedida: la posibilidad de que esa búsqueda pueda dar un viraje que permita que el olvido se revierta y que se convierta en la salvaguarda de la esencia del Ser en lugar de caer en el encubrimiento. En la esencia del peligro se manifiesta y habita una gracia, a saber, la gracia del viraje del olvido del Ser en la verdad del Ser. Donde la esencia del peligro se manifiesta realmente como peligro, allí está el viraje hacia la salvaguarda, allí se encuentra esta salvaguarda misma, allí está lo que salva al Ser.

Si el viraje acontece en el peligro, esto ocurre de forma súbita, ya que el Ser no tiene nada semejante a su lado. No es causado por nada externo, ni actúa como causa de algo. El Ser no sigue un esquema de causa y efecto. La manera en que el Ser se destina a sí mismo no está precedida por ninguna causa ni seguida por ningún efecto en cuanto Ser. El Ser acontece en su época al emerger repentinamente desde su propia esencia oculta. Debemos tener en cuenta que el viraje del peligro acontece repentinamente. En el viraje se ilumina repentinamente el claro de la esencia del Ser. Esa repentina iluminación es como el destello que trae consigo su propia luz. Cuando en el viraje del peligro brilla la verdad del Ser, se ilumina la esencia del Ser; retorna la verdad de la

74

esencia del Ser. ¿Hacia dónde se dirige ese retorno? Solo hacia el Ser mismo, que hasta entonces ha permanecido en el olvido de su verdad. Hoy ese Ser se manifiesta como la esencia de la técnica. La esencia de la técnica es el engranaje. El retorno, como acontecimiento del viraje del olvido, vuelve a lo que ahora es la época del Ser. Lo que es no es de ninguna manera este o aquel ente particular. Lo que propiamente es —a saber, lo que habita y se manifiesta en «el es» [*im Ist*]— es únicamente el Ser. Solo el Ser «es», solo en el Ser y como Ser acontece lo que llamamos «lo que es»; lo que es es el Ser desde su propia esencia.

En palabra y en hecho, *blitzen* [«relucir», «brillar», «destellar»] está relacionado con *blicken* [«mirar», «mirada fulgurante»]. En la mirada, y como mirada, la esencia se muestra en su propia luminosidad. A través del elemento de su luminosidad, la mirada protege lo visto devolviéndolo al mirar; pero al mismo tiempo ese mirar, en su iluminación, conserva la oscuridad oculta de donde procede lo no iluminado. El retorno del destello de la verdad del Ser es *Einblick* [«mirada profunda y penetrante»]. Hemos pensado la verdad del Ser en el marco del mundear* del mundo como el juego de espejos de la cuaternidad* de cielo y tierra, mortales y divinos. Cuando el olvido se invierte y el mundo entra como salvaguarda de la esencia del Ser, tiene lugar la entrada relampagueante [*Einblitz*] del mundo en el abandono* de la cosa bajo la forma dominante del engranaje. La entrada relampagueante del mundo en el engranaje es, a la vez, la entrada relampagueante de la verdad del Ser en el ser desprovisto de salvaguarda. La entrada relampagueante es el acontecimiento en el Ser mismo.

Mirada en lo que es; este título nombra ahora el acontecimiento[*] del viraje en el Ser, el viraje de la negación de su esencia hacia el acontecer de su salvaguarda.[a] Mirada en lo que es es el acontecimiento mismo en el que la verdad del Ser se coloca y mantiene frente al Ser desprovisto de salvaguarda. Mirada en lo que es; esto nombra una constelación en la esencia del Ser: la esfera en la que el Ser se presenta como peligro. Al principio y casi hasta al final, parecía que «mirada en lo que es» significaba solo la mirada que nosotros, los humanos, lanzamos desde nosotros mismos hacia lo que es. Lo que es se toma habitualmente como un ente particular, pues del ente se dice que «es». Pero ahora todo ha cambiado. La mirada no nombra nuestra comprensión del ente; la mirada, como entrada relampagueante o destello, es el acontecimiento de apropiación de la constelación del viraje en la esencia del Ser mismo en la época del engranaje. Lo que es no es en absoluto el ente, puesto que el «ello es» y el «es» se atribuyen al ente solo en cuanto remiten a su ser. En el «es» se expresa el «ser»; lo que es, en el sentido de que constituye el ser de los entes, es el ser.

El solicitar del engranaje se coloca delante de la cosa y la deja desprotegida como cosa, desprovista de salvaguarda. Así, el engranaje encubre en la cosa la cercanía que podría acercar el mundo. El engranaje llega incluso a encubrir su propio encubrimiento, como cuando el

a Re-lación.

olvido se olvida a sí mismo y se deja arrastrar por la corriente del olvido. El acontecimiento del olvido no solo provoca una caída en el ocultamiento, sino que esta misma caída también queda abocada al ocultamiento, el cual a su vez se desvanece en esta caída.

Sin embargo, pese a todo ese encubrimiento del engranaje, se enciende todavía un destello de luz del mundo, brilla la verdad del Ser. Esto sucede cuando el engranaje se ilumina en su esencia como el peligro. Incluso en el engranaje, entendido como un destino esencial del ser, late una luz procedente del destello del Ser. El engranaje, aunque sea veladamente, sigue siendo una forma de mirada; no es un destino totalmente ciego y opresivo.

Mirada en lo que es; así se llama el destello de la verdad del Ser en el ser desprovisto de salvaguarda.

Cuando acontece esa mirada, los humanos son los alcanzados por el destello del Ser en su propia esencia. Los humanos son entonces los vistos en la mirada.

Solo cuando, en el acontecimiento de la mirada, el 76 ser humano —como aquello visto por la mirada— renuncia a su obstinación humana y se entrega a la mirada, alejándose de sí para abrirse a ella, puede el ser humano corresponder en su esencia a la exigencia de la mirada. En esa correspondencia, el ser humano queda capacitado para que, desde el elemento protegido del mundo, como mortal, vuelva la mirada hacia lo divino. No puede ser de otra manera; porque incluso Dios, si existe, es un ente y, en cuanto ente, se encuentra en el Ser y en su esencia, la cual acontece a partir del mundear del mundo.

Solo cuando acontece la mirada, se esclarece la esencia de la técnica como engranaje; reconocemos en qué sentido, al solicitar el fondo permanente, se niega la verdad del Ser como mundo, y advertimos que todo querer y obrar asociado al acto de solicitar persiste en el abandono [de las cosas]. Así, cualquier intento de ordenar el mundo desde la perspectiva de una historia universal carece de verdad y fundamento. La mera persecución del futuro y calcular su imagen extrapolando un presente medio pensado hacia lo velado por venir, todo esto sigue anclado en la actitud de la representación técnica y calculadora. Los intentos de computar morfológica y psicológicamente la realidad existente en términos de deterioro y pérdida, de desgracia, catástrofe y decadencia son modos de proceder técnicos: emplean aparatos que enumeran síntomas cuyo inventario puede ampliarse sin fin y varían siempre de nuevo. Estos análisis no advierten que actúan según la lógica de la fragmentación técnica y, por tanto, proporcionan a la conciencia técnica una presentación técnico-historiográfica del acontecer que le es propia. Pero ninguna representación historiográfica* de la historia* como acontecer establece una relación adecuada con el destino.

Lo puramente técnico no alcanza a comprender la esencia de la técnica. Ni siquiera es capaz de conocer sus propios límites. Por eso, al intentar expresar la mirada en lo que es, no describimos la coyuntura actual. Dejamos que la constelación del Ser nos llame.

Pero todavía no escuchamos; nosotros, quienes, bajo el dominio de la técnica, vemos disminuida nuestra capacidad de escuchar y de ver a causa de la radio y el cine. La constelación del Ser es la negación del mundo que se refleja en el abandono de la cosa.[b] La negación[c] no es simplemente nada; es el misterio supremo del Ser dentro del dominio del engranaje.

La cuestión de si Dios vive o está muerto no se decide por la religiosidad de los seres humanos, y mucho menos por las aspiraciones teológicas de la filosofía y de la ciencia natural. Que Dios sea Dios acontece dentro de la constelación del Ser. Mientras no experimentemos pensándolo, jamás podremos pertenecer a lo que está por venir.

¿Acontece la mirada en lo que es?

¿Somos alcanzados, como los vistos, por la mirada esencial del Ser de modo que ya no podemos eludirla? ¿Accedemos así a la esencia de la cercanía que, en el hacer cosa de la cosa, acerca el mundo? ¿Habitamos nativamente en la cercanía de modo que pertenecemos originariamente a la cuaternidad* de cielo y tierra, mortales y divinos?

¿Acontece la mirada en lo que es? ¿Correspondemos a la mirada con un mirar que penetra la esencia de la técnica y, en ese mirar, salvaguardamos el Ser mismo?

¿Vemos el destello del Ser en la esencia de la técnica? ¿Surge el destello de la quietud misma? La quietud calma. ¿Qué calma? Calma el Ser en la esencia del mundo.[d]

b Olvido de la diferencia; el lenguaje.

c Re-lación.

d ¡Lenguaje!

Que el mundo, al mundear,* sea lo más cercano de todo lo cercano, que se aproxima en cuanto acerca al ser humano a la verdad del Ser y así hace al ser humano partícipe del acontecimiento.

Glosario terminológico comentado

Puede consultarse la versión completa de este glosario terminológico, que viene precedido de un prólogo de presentación de *Mirada en lo que es: Conferencias de Bremen de 1949*, en la ficha del libro de la página web de la editorial (www.herdereditorial.com).

Adaptación (*Ereignis*). En el caso de la conferencia *La cosa* (1949), creemos que «adaptación» es una solución que capta conceptualmente uno de los sentidos centrales de *Ereignis*. Las cosas tienen que ser aptas y adaptarse al contexto en el que se dan para que lleguen a ser visibles. Antes de que algo pueda mostrarse como algo, necesita haberse producido una relación más o menos estable de adecuación a las cosas a su alrededor. De acuerdo con esta ontología relacional, las cosas se determinan recíprocamente en función de las múltiples relaciones que tiene con otras cosas. La ley de la adaptación (*Ereignis*) sostiene que las relaciones que definen la esencia de algo son relaciones de adaptación mutua. Como explica Heidegger en la parte final de la conferencia *La cosa*, las cosas se determinan en función de aquello para lo cual son aptas (*eignet*) o adecuadas (*geeignet*), de modo que todo entra a formar parte de una especie de danza en corro (*Reigen*) en la que las cosas se sincronizan entre sí. La danza de la adaptación (*der Reigen des Ereignens*) remite al espacio abierto de las interrelaciones en el que se despliegan y unifican las cosas. Heidegger vincula *ereignen* con el verbo *reigen*, que significa «alinear», y el sustantivo derivado *der Reigen*, que significa «el corro», «la danza en corro» o «el baile en rueda» (tal como se explica al final de la conferencia *La cosa*). A medida que las cosas se adaptan unas a otras, estas se alinean, al igual que los compañeros en un baile adaptan sus pasos al ritmo de la danza. La adaptación lleva a las cosas a un estado de ajuste mutuo y sintonía entre sí, de modo que se mantengan juntas y unidas. Véanse también las entradas «cuaternidad» y «engranaje».

Concernir (*angehen*). La palabra alemana *angehen* tiene diferentes sentidos: desde «competer» (en el sentido de tener relación o responsabilidad sobre algo), «incidir» (cuando se habla de la influencia sobre una cuestión) y «echar raíces» (como en el caso de las plantas) hasta «afectar» (relacionado con cómo algo influye en una persona o situación) y «abordar» (en el sentido de tratar un tema o situación). Aquí, sin embargo, *angehen* se utiliza en el sentido de «concernir», «incumbir», «atañer» o «afectar». La idea que se repite de manera reiterada en estas conferencias es que las cosas no se nos manifiestan como objetos simplemente colocados delante de nosotros, encapsulados en sí mismos y provistos de ciertas cualidades objetivas (como su color, forma, peso, densidad y ubicación). En este sentido, verse concernido por la proximidad de las cosas implica que estas adquieren un significado especial en la vida del individuo, afectándolo no solo en un sentido práctico, sino también existencial y ontológico. Esta preocupación es un reconocimiento de que el ser humano es una parte integral de la cuaternidad (*Geviert*). Al abrirse a la cuaternidad, el individuo puede encontrar un sentido de pertenencia y significado en su vida que va más allá de la mera utilidad técnica o material de las cosas. En la medida en que las cosas se dan primariamente en el mundo en el que habitamos, ya siempre mantenemos cierto grado de familiaridad con las cosas. De hecho, como se dice en la conferencia *La cosa*, vivimos en un espacio abierto de interrelaciones con las cosas. Heidegger sugiere que el significado y el valor de lo que es no puede ser completamente comprendido sin considerar las relaciones que lo constituyen. Esta idea implica una crítica a la visión metafísica que trata de separar el ser de las condiciones y conexiones en las que se encuentra y nos invita a pensar el ser como relación. Véase también la entrada «cosa».

Cosa (*Ding*). Las reflexiones y consideraciones filosóficas en torno a la naturaleza de la cosa (*das Ding*) —que no hay que confundir con «asunto», «materia» o «hecho» (*die Sache*)— ocupan un lugar central en la obra tardía de Heidegger, en particular en *Mirada en lo que es* (1949) y en las conferencias *Construir, habitar, pensar* (1951) y *La pregunta por la técnica* (1953). Es cierto que el concepto de «cosa» se convierte en un verdadero problema filosófico a mediados de la década de 1930. Así, por ejemplo, en *El origen de la obra de arte* (1936) y en las lecciones *La pregunta por la cosa* (1935-1936) se profundiza en las diferentes interpretaciones que se han realizado de la cosa en el transcurso de la historia de la metafísica: en el mundo antiguo, la cosa se considera una instanciación de la idea; en el mundo medieval, la cosa es un *ens creatum;* en el mundo moderno, la cosa se convierte en un objeto representado para un sujeto; y en el mundo contemporáneo, la cosa queda reducida a un simple fondo permanente de reservas. Pero, sin duda, es en los textos más tardíos ya citados donde encontramos una elaboración más novedosa y original en torno al poder unificador de la cosa. Para ello es necesario dar un salto más allá de la representación de la cosa para entrar en una dimensión en la que las cosas pueden venir a nuestro encuentro desde sí mismas. Este salto para que las cosas tengan lugar como encuentro es el salto al mundo, no el mundo como totalidad de cosas, sino lo que Heidegger llama la «contrada» (*Gegnet*): el ámbito de encuentro de hombres y cosas, esto es, el entre (*Zwischen*), el cruce (*Kreuzung*), el espacio de juego (*Spielraum*) en que se dan las cosas y el ser humano. La palabra «cosa», pues, indica un momento de reunión, de unificación, de recogimiento (*Versammlung*).

Por otra parte, el interés heideggeriano por desentrañar la naturaleza de la cosa hay que enmarcarlo en el problema central de la cercanía. Uno de los temas recurrentes en *Mirada en lo que es* es la necesidad de recuperar la proximidad con las cosas. Como se señala en las primeras líneas de la conferencia *El engranaje*, a pesar de nuestra búsqueda de la proximidad, permanecemos distantes de las cosas que nos importan y afectan directamente. Este es el caso de la jarra comentado en el texto *La cosa* o el del puente analizado en *Construir, habitar, pensar*. Los ejemplos de la jarra y el puente ofrecen una sugestiva fenomenología de las cosas, es decir, nos muestran diferentes modos de donación inmediata de las cosas desde sí mismas. La simple representación humana de las cosas no aprehende el verdadero poder unificador de la cosa, que Heidegger denomina «cuaternidad». En este sentido, las cosas y su juego de interrelaciones con otras cosas nos anclan, a saber, nos posicionan en un mundo que va más allá de la visión instrumental y limitada que nos ofrece el engranaje de la era técnica y su tendencia de reducir toda cosa a un simple fondo de reservas puestas a nuestra disposición. Véase también la entrada «cuaternidad».

Cuaternidad (*Geviert*). Heidegger elabora la noción de «cuaternidad» a partir de sus lecturas de la poesía de Hölderlin y sus trabajos sobre la obra de arte, como se pone de manifiesto en *Los himnos de Hölderlin 'Germania' y 'El Rin'* (1934-1935), *El origen de la obra* *de arte* (1935-1936) y *¿Para qué poetas?* (1946). Por otra parte, como sucede en el caso del engranaje (*Gestell*), Heidegger construye la expresión *Geviert* a partir del prefijo colectivo *ge-* y la palabra alemana *vier* («cuatro»). Así, *Geviert* significa literalmente la «reunión de los cuatro», «el conjunto de los cuatro». En el *Diccionario alemán* de los hermanos Grimm, una herramienta etimológica frecuentemente usada por Heidegger, hay una entrada dedicada a la palabra *Geviert*. El término procede del verbo *vieren*. Este, a su vez, traduce el latín *quadro*: «completar algo en forma de cuadro, perfeccionar; formar un todo armonioso, encajar». Heidegger, en cambio, otorga a *Geviert* un peculiar significado filosófico. *Geviert* es el nexo de las cuatro dimensiones interconectadas que se adaptan mutuamente y se sustentan recíprocamente, a saber, tierra, cielo, mortales y divinos. *Geviert* designa el espacio de interrelación en el que en cada caso se entrecruzan los cuatro en torno a una cosa (como una jarra, un templo, un puente o una granja de la Selva Negra).

De entrada, conviene señalar que la cuaternidad se aleja de cualquier interpretación metafísica de las cosas. Consecuentemente, resulta un error pensar las cuatro dimensiones de la cuaternidad como si fueran cuatro principios metafísicos o cuatro causas que determinan el ser de los entes. Las cuatro regiones no son condiciones ontológicas abstractas, sino dimensiones reales que encontramos en nuestra existencia mundana. Asimismo, tampoco hay que interpretar tierra, cielo, mortales y divinos como meras entidades físicas o como elementos determinados por leyes físicas. Se trata de dimensiones que nos resultan familiares en nuestra vida cotidiana. La tierra es la tierra que pisamos, la tierra que se despliega en montañas y bosques, ríos y mares. El cielo es el cielo que está encima de nosotros, las estrellas y las constelaciones, el sol y la luna, la alternancia de las estaciones del año. Nosotros y nuestros congéneres somos los mortales: vivimos nuestras vidas y morimos nuestras muertes. Y los divinos, el miembro más elusivo de la cuaternidad en nuestra actual época secular, son los entes sagrados que nos sacan de nuestras preocupaciones mundanas y nos invitan responder a la voz de lo sagrado. Cada uno de los cuatro influye en las otras dimensiones. Así, por ejemplo, la tierra incluye la flora y la fauna, el terreno y la geografía de un lugar, pero estos aspectos están ligados, a su vez, al funcionamiento del ecosistema que influye sobre las prácticas humanas y el agradecimiento a los divinos por la cosecha obtenida. El cielo incluye los ciclos meteorológicos, el movimiento de los cuerpos celestes y los patrones climáticos, pero esto afecta, a su vez, a la flora, la fauna y el cultivo de la tierra, las prácticas humanas de grupos indígenas y los calendarios sagrados y ofrendas realizadas a los divinos. La relación de tierra, cielo, mortales y divinos se realiza en un juego de apropiación, transpropiación y expropiación.

Los cuatro, en definitiva, se copertenecen e interrelacionan en un juego de espejos (*Spiegel-Spiel*) dinámico y cambiante, forman parte de un proceso en el que cada dimensión se adapta e influye recíprocamente en las otras. Como se dice en la conferencia *La cosa*: «Tierra y cielo, los divinos y los mortales se copertenecen en la simplicidad de la cuaternidad formando una unidad. Cada uno de los cuatro refleja a su manera la esencia de los otros, y al hacerlo, cada uno se refleja a su manera en su propio ser dentro de la simplicidad de los cuatro. [...] Ninguno de los cuatro se aferra rígidamente a su particularidad» (cf. *supra*, p. 40). Reflejar significa que cada miembro es iluminado y deviene inteligible en el proceso de reflejarse en otros. El cielo, por ejemplo, solo resulta inteligible como cielo a partir de la interacción que mantiene con la tierra. Y la tierra, a su vez, resulta inteligible por la lluvia que recibe del cielo y que permite el crecimiento y florecimiento de plantas y bosques.

Heidegger describe este proceso de reflejo mutuo como una especie de lucha entre las cuatro dimensiones, un encuentro tangible y concreto en el que cada una restringe y altera a las otras. En un nexo bien adaptado de la cuaternidad, entonces, cada uno de los cuatro se verá afectado por los otros de modo que, por ejemplo, los ciclos temporales se articulen en torno a actividades humanas de cultivo de la tierra que quedan reflejadas en días de consagración divina.

Finalmente, la estabilización de la interacción dinámica entre los cuatro tiene lugar en una clase especial de entes que Heidegger llama «cosas» (*Dinge*). Las cosas estabilizan, reúnen, mantienen la cuaternidad en su configuración específica y adaptada a las circunstancias concretas de cada situación. Por ejemplo, la jarra —que Heidegger describe ampliamente en la conferencia *La cosa*— es la jarra usada por los griegos, la οἰνοχόη, la jarra para verter la bebida consagrada a los dioses y la jarra llena de vino para los participantes en un banquete. La práctica humana de la libación involucra tanto la satisfacción de las necesidades humanas como un sacrificio ritual a los dioses, involucra tanto la vid que crece en la tierra y el sol del cielo que permite el proceso de maduración de las uvas. La jarra, pues, es una cosa que reúne y en torno a la cual se aglutinan las cuatro dimensiones de significado. En cambio, los objetos tecnológicos no son cosas en el sentido de que no forman un nexo de cuaternidad bien adaptado. Los objetos tecnológicos, los artilugios técnicos, las piezas de recambio, los inventarios, los repuestos se diseñan para ser reemplazados unos por otros según criterios meramente funcionales, sin distinción alguna entre ellos, sin interactuar con el medio. Un avión, por ejemplo, es indiferente a las particularidades del cielo. Se construye artificialmente para eliminar la diferencia entre noche y día, lluvia y sol. El avión expulsa la presencia divina al crear en nosotros la idea de que controlamos nuestro propio bienestar. Así, un mundo tecnológico no está formado por cosas, sino solo por un fondo permanente de reservas. Los objetos tecnológicos se integran en la estructura de un gran engranaje, en el que cada objeto tecnológico es reemplazado por otro igual. En el mundo tecnológico todo es uniforme, intercambiable, reemplazable, ordenable, consumible. Véanse también las entradas «cosa», «engranaje» y «fondo permanente».

Cuaternización (*Vierung*). La complicada expresión alemana *Vierung* acuñada por Heidegger en este texto implica la interconexión y dependencia mutua de tierra, cielo, divinos y humanos. La cuaternización remite al proceso en el que esas cuatro dimensiones se constituyen en una unidad simple, formando en cada caso un juego de interrelaciones dinámico y cambiante. Véase también la entrada «cuaternidad».

Disponer (*stellen*). Traducimos el verbo *stellen* preferentemente por «disponer» en la acepción de «colocar, poner algo en orden y situación conveniente» (*Diccionario de la lengua española*), aunque en algunos pasajes puntuales también utilizamos «colocar». Y en las ocasiones en las que queremos subrayar el sentido de *stellen* como una forma peculiar de disposición del fondo permanente inherente al engranaje, recurrimos a la opción de «disponer y colocar». Además, «disponer» también implica «tener algo a disposición» para ser utilizado, como sucede, por ejemplo, con los recursos naturales, los molinos de viento, los artefactos artesanales, los aviones, los automóviles, los dispositivos técnicos, los equipamientos industriales o los aperos de labranza, por citar algunos ejemplos que Heidegger menciona en sus escritos sobre la técnica. Véanse también las entradas «disposición» y «poner».

Disposición (*Stellen*). Traducimos el verbo sustantivado *Stellen* por «disposición» en el sentido de «acción de disponer», «orden o colocación: manera de estar dispuesto o colocado algo» (*Diccionario de uso del español* de María Moliner). Disposición remite aquí al acto y el efecto de disponer o de colocar algo en orden y situación conveniente, es decir, de algo que está organizado, dispuesto y colocado de cierta manera. En algunas ocasiones también recurrimos a la alternativa de «posicionamiento» y «colocación». Se trata, pues, de subrayar la acción de organizar, establecer o colocar algo de manera ordenada para que pueda estar a nuestra disposición o ser solicitado, intercambiado, transformado, almacenado, distribuido o reemplazado en cualquier momento. Así es como funciona el engranaje. Véanse también las entradas «engranaje», «poner» y «posicionamiento».

Engranaje (*Ge-Stell*). La palabra alemana *Gestell* puede significar «armazón», «dispositivo», «esqueleto», «soporte», «caballete», «marco», «montura», «estante». En estas conferencias de Bremen, Heidegger intenta evitar la confusión que puede crear la homofonía del término técnico *Ge-Stell* con el uso cotidiano de *Gestell*. Por ello, escribe *Ge-Stell* con un guion y una «S» mayúscula para expresar que se trata de un término compuesto. Heidegger usa *Ge-Stell* en un sentido peculiar y poco habitual, que intenta reunir en una misma palabra el significado del prefijo colectivo *ge-* («conjunto», «reunión», «colectividad», «congregación», «concentración») y el del verbo *stellen* («colocar», «poner», «posicionar», «emplazar»). Heidegger usa a menudo un guion a la hora de escribir *Ge-Stell*, sobre todo para subrayar el sentido del prefijo colectivo *ge*. Recurre con frecuencia a esta forma de crear términos como en los casos de *Geschick* («destino colectivo»), *Geviert* («cuaternidad»), *Gefahr* («peligro»), *Geraff* («acumulamiento») o *Gerede* («habladurías»). Literalmente, *Ge-Stell* vendría a expresar la estructura inherente al conjunto (como denota el prefijo colectivo *ge-*) de las cosas colocadas, dispuestas y ordenadas (*stellen*). En este sentido, *Ge-Stell* también podría traducirse por «lo dis-puesto», «com-posición» o incluso «posicionalidad». La variedad de soluciones de traducción que encontramos en francés (*arraison-nement* y *dispositif*), en inglés (*enframing, inventory* y *positionality*), en italiano (*imposizione* e *impianto*) y en castellano («estructura de emplazamiento», «imposición», «composición» y «lo dispuesto») muestra la riqueza de matices que encierra el término *Ge-Stell*. Incluso hay traductores que, ante la novedad y la riqueza semántica del concepto de *Ge-Stell*, prefieren mantener el término alemán como en los casos de *Dasein, Lichtung* o *Ereignis*. A nuestro juicio, «engranaje» es una palabra castellana sencilla y relativamente coloquial que condensa muchos de los matices mencionados y, además, evita la creación de neologismos que en ocasiones dificultan la lectura del texto. Según el *Diccionario de la lengua española*, «engranaje» es el «conjunto de las piezas que engranan». Así, el engranaje heideggeriano puede entenderse como el conjunto de cosas ordenadas, dispuestas, producidas, interconectadas y consumidas que están puestas a nuestra disposición. En este sentido, el término «engranaje» no se utiliza aquí en un sentido mecánico, como en el caso de un reloj. El engranaje mecánico de un reloj es un sistema fijo, cerrado y estático, que opera de forma predecible y rígida siguiendo determinaciones físicas, en el que cada componente cumple una función específica. En cambio, para Heidegger, el engranaje es dinámico y se encuentra en constante transformación. Constituye una red compleja de relaciones que no solo organiza recursos y personas para obtener resultados, sino que también define y moldea nuestra relación con el mundo y con nosotros mismos.

El engranaje, pues, no designa una propiedad de las producciones técnicas, sino una forma de presentación de las cosas, un modo de disposición de la realidad. El engranaje es el modo mismo de presentación de las cosas. El engranaje, como esencia de la técnica moderna, es nuestro destino, es la forma en que el ser se desoculta en la época contemporánea. En otras palabras, la técnica moderna no remite a la relación instrumental que habitualmente establecemos con las cosas; antes bien, es el propio lugar de descubrimiento de la naturaleza y, por ende, del ser humano. En la época de la técnica moderna, las cosas ya no se muestran libre y espontáneamente desde sí mismas, sino que quedan sometidas a la lógica del engranaje, es decir, se convierten en objetos producidos, dispuestos, controlados y solicitados para el uso y el consumo. La naturaleza y el ser humano no son una excepción. Las fuerzas humanas y las fuerzas naturales también están al servicio de la técnica: la naturaleza queda reducida a un fondo de energías y materia; el ser humano, por su parte, se convierte en fuerza de trabajo, en recurso humano. Las cosas con las que antes manteníamos cierto grado de proximidad y familiaridad se desvanecen y se transforman ahora en meros objetos de cálculo, en mercancías, en bienes de consumo, en reservas disponibles. A través del engranaje, la naturaleza queda reducida a un fondo disponible de reservas del que se extraen recursos, materias y fuentes de energía que son transformados, almacenados, distribuidos, solicitados y puestos a nuestro servicio. Incluso el ser humano es susceptible de convertirse en un elemento más del fondo técnico. Ese es el verdadero peligro de todo el dispositivo técnico desplegado por el engranaje. El engranaje muestra ese peligro, pero el peligro queda velado, permanece encubierto (*verstellt*). Nos hacemos la ilusión de que la técnica está bajo el control del ser humano. Sin embargo, el engranaje nunca puede ser dominado por él. La realidad misma en la que vivimos se articula y despliega en forma de engranaje. Por ello, Heidegger habla de la técnica como un destino del ser. Véase también la entrada «fondo permanente».

Fondo permanente (*Bestand*). En el lenguaje común, *Bestand* significa «permanencia», «consistencia», «continuidad», «duración». Heidegger, en cambio, utiliza la expresión *Bestand* en el sentido de «fondo permanente»: un fondo de reservas disponibles, almacenables, manipulables, intercambiables y consumibles que permanece (*Stand*) a nuestro servicio. No hay otra cosa que un fondo permanente de reservas. En la era técnica, las cosas pierden su carácter de objeto en sí. Dejan de ser objetos puramente representados y colocados delante del sujeto para convertirse en algo utilizable, dominable, reemplazable, disponible y solicitable. El fondo permanente es un circuito dinámico que se autorregula a sí mismo, es decir, no hay nada que permanezca fuera de él. Todas las cosas quedan así reducidas a un fondo permanente de reservas, incluidos el propio ser humano y la naturaleza. Asimismo, en la medida en que el fondo permanente es el modo de presencia para todo lo que existe en la era del dominio técnico, es la forma en que las cosas se manifiestan en la época moderna de la reemplazabilidad permanente y la disponibilidad ilimitada. *Bestand* no debe confundirse con *Vorrat* («existencias», «stock», «acopio», «reservas», «subsistencias», «recursos»). En otras palabras, el fondo permanente no es un mero conjunto de objetos listos para ser solicitados y entregados, sino que implica un cambio ontológico en la naturaleza misma de la cosa. La realidad de las cosas queda reducida a fondo permanente y entra a formar parte del circuito del engranaje y su capacidad de petición, sustitución, distribución, rotación, circulación y entrega de recursos y bienes producidos. Dicho de otro modo, en la era de la técnica ya no hay objetos (*Gegenstände*), tan solo entes, reservas, fondos, recursos listos para el consumo (*Bestände*). A partir de esta aclaración, traducimos *beständig* como «puesto en reserva», «carácter de reserva» (y en ocasiones también «permanente» y «estable»), *Beständigkeit* como «permanencia» o «estabilidad», *Bestand-Stück* como «pieza de reserva» (y, puntualmente, «pieza de inventario») y *Bestandstück* como «pieza del fondo permanente». A título comparativo, *Bestand* se traduce en francés como *fonds disponible*, en italiano como *risorsa* y en inglés como *standing reserves*. Véanse también las entradas «engranaje» y «solicitabilidad».

Mundear (*welten*). Heidegger utiliza por primera la expresión verbalizada de mundo *welten* en el seminario de posguerra de 1919, intitulado *La idea de la filosofía y el problema de la concepción del mundo*. En un principio pudiera parecer que se trata de alguno de esos juegos de palabras *à la* Heidegger. Sin embargo, si recurrimos al *Diccionario alemán* de los hermanos Grimm, que Heidegger solía consultar con cierta frecuencia, encontramos que *welten* significa «llevar una vida relajada o alegre» y también «vivir con boato, ostentación o pompa». Heidegger utiliza esta palabra para señalar el modo en que se nos presentan primariamente las cosas en nuestra relación cotidiana con el mundo, la manera en que la estructura significativa de la realidad nos sale al encuentro sin más. Con este término se pretende designar lo que normalmente nos pasa desapercibido por estar demasiado próximo a nosotros. Este es el caso de la filosofía moderna que, en opinión de Heidegger, reduce toda cosa a un objeto de representación del sujeto. De ahí la insistencia heideggeriana en recuperar la proximidad con las cosas en su modo de donación inmediata. En definitiva, el «mundear», el «hacer mundo», «el desplegar mundo» o, dicho de otro modo, la familiaridad con la vida cotidiana suministra al ser humano un fondo de comprensibilidad y accesibilidad directa a las cosas. Finalmente, en la conferencia *El peligro* (1949), Heidegger recurre frecuentemente a la expresión *das Welten der Welt*, que traducimos por «el mundear del mundo» y, en ocasiones, también por «el desplegar del mundo» o «el despliegue del mundo».

Obligación de presentarse (*Gestellung*). En la terminología militar, *Gestellung, Gestellungsbefehl* y *Gestellungspflichtig* remiten a la «obligación de presentarse al servicio», a la «orden de ingreso en filas» y al «estar sujeto a reclutamiento o enrolamiento», respectivamente. En el contexto de esta conferencia, *Gestellung* remite al modo como la técnica exige y obliga tanto a la naturaleza como al ser humano a presentarse bajo la forma de un recurso disponible que puede ser manipulado y explotado (como en los casos del animal de tiro, los minerales y la fuerza humana). En este sentido, *Gestellung* también puede traducirse como «presentación obligatoria».

Poner (*stellen*). El verbo *stellen* se usa comúnmente para referirse a la acción de «colocar algo en un lugar específico» o al hecho de «preparar algo». Así, *stellen* puede traducirse como «poner», «colocar», «posicionar», «disponer», «situar», «presentar», «ubicar», «emplazar». Resulta prácticamente imposible decantarse por una sola opción de traducción y, por tanto, mantener un criterio de coherencia. Heidegger explora y explota diferentes matices de *stellen*. De ahí que en nuestro caso optemos preferentemente por las soluciones de «poner», «colocar» y «disponer». En pasajes puntuales también recurrimos a «posicionar» en el sentido de «poner algo o a alguien en una posición», «colocar algo en un lugar o situación determinada». El engranaje dispone y posiciona las piezas y las reservas del fondo permanente en el marco de un circuito de solicitabilidad (*Bestellbar-keit*) y reemplazabilidad (*Ersetzbarkeit*). Así, por ejemplo, las piezas de repuesto de los coches se disponen y colocan de cierta manera en el taller de reparación para ser localizadas con facilidad y permitir la sustitución de piezas averiadas por piezas nuevas. Y esas piezas de repuesto, a su vez, se integran en una cadena de suministros más amplia en la que unas piezas pueden ser ordenadas, intercambiadas y reemplazadas por otras piezas. En la época moderna se exacerba el papel de la representación. Pero representar (*vorstellen*) es *solo* una forma de colocar y poner (*stellen*). A finales de la década de 1940, el dominio solitario ejercido en la era moderna por el representar (*vorstellen*) da paso a una multiplicidad de formas de poner y co-locar (*stellen*) en la era técnica. Precisamente en las conferencias de Bremen (1949), Heidegger empieza a concebir el *stellen* como la raíz común de toda la actividad tecnológica. En este sentido, a partir de la raíz del verbo *stellen* se despliega un rico campo semántico de con-ceptos relacionados con el *Ge-Stell* («engranaje»), que se identifica con la esencia de la técnica. El engranaje reúne el conjunto de equi-pamientos, ensambla la colección de dispositivos, pone a disposición la diversidad de reservas naturales y dispone los recursos humanos que constituyen el fondo permanente (*Bestand*); en definitiva, el engranaje mueve e impulsa el fondo permanente a través de un circuito de solicitabilidad (*Bestellbarkeit*). Así pues, nos encontra-mos con diferentes derivados de *stellen*: «producir» (*her-stellen*), «re-presentar» (*vor-stellen*), «ex-poner» (*dar-stellen*), «solicitar» (*be-stellen*), «contraponer» (*entgegen-stellen*), «reordenar» (*wiederstellen*), y «cons-tatar» (*feststellen*), entre otras variantes que aparecen en el texto. A la luz de estas aclaraciones, traducimos el verbo sustantivado *Stellen* por «disposición» y en algunas ocasiones también recurrimos a las alter-nativas de «colocación» y «posicionamiento». A título comparativo, el verbo *stellen* y la sustantivación *Stellen* se traducen en inglés como *to place, to position* y *positioning;* en italiano como *ponere* y *porre;* en francés como *poser, disposer, mettre à disposition* y *disposition*. Véanse también las entradas «engranaje» y «solicitabilidad».

Ser (*Sein*). La pregunta fundamental que atraviesa todo el pensamiento de la obra de Heidegger es la pregunta por el sentido del ser. Y esa pregunta se desarrolla fundamentalmente desde dos perspectivas: por una parte, la perspectiva ontológico-fundamental de *Ser y tiempo* y sus escritos de juventud y, por otra parte, la perspectiva de la historia de ser que toma cuerpo a partir de la llamada *Kehre* («viraje») iniciada en la década de 1930. Heidegger utiliza la grafía *Sein* para referirse al concepto tradicional de ser y recurre a la grafía arcaica *Seyn* para su propio concepto de ser, aunque esta distinción no siempre se mantiene de manera coherente. (Sobre la diferencia entre el sentido metafísico tradicional y el heideggeriano, véase la otra entrada de «Ser» [*Seyn*]). Para alcanzar una comprensión adecuada del contraste que Heidegger establece entre *Sein* y *Seyn*, debemos tener en cuenta que la *ontología* de Heidegger es fuertemente *relacional:* lo que algo «es» (*ist*) es una función de cómo se relaciona con otras cosas. Las cosas aparecen en los nodos estables de esta red de relaciones. Que ciertas relaciones se destaquen como definitivas y esenciales mientras que otras pierden importancia es una función del entre (*das Zwischen*), es decir, el claro (*Lichtung*) atravesado por la relación que une a las cosas entre sí de modo que puedan definirse mutuamente (tal como sucede en el caso de la cuaternidad). *Seyn* es ese entre que sostiene y estructura las relaciones. Sin embargo, *Seyn* es operativo sin necesidad de ser reconocido como tal. De hecho, Heidegger sostiene que, durante la mayor parte de la historia de la metafísica, los pensadores han sido ajenos a la dimensión del

Seyn. De ahí que se hable de un olvido del Ser (*Seynsvergessenheit*). Así, para señalar en castellano la diferencia entre *Sein* y *Seyn* se opta por utilizar la minúscula para el concepto general de *Sein* («ser») y la mayúscula para el uso heideggeriano de *Seyn* («Ser»).

Ser (*Seyn*). La palabra alemana *Seyn* es una ortografía arcaica de *Sein* («ser»). Heidegger comenzó a usar la ortografía arcaica en la década de 1930 para diferenciar su concepción no metafísica del ser de los enfoques tradicionales de la ontología. La innovación terminológica probablemente se inspira en el uso de la ortografía arcaica por parte de Hölderlin, que era común en los primeros años del siglo XVIII. En cualquier caso, Heidegger hace un uso extenso del término en sus conferencias de 1934-1935 sobre Hölderlin. Sin embargo, Heidegger no siempre utiliza *Seyn* de manera consistente para distinguir entre su propia comprensión del ser y el uso metafísico del ser. Después de 1950, esta variante ortográfica apenas se emplea en sus manuscritos, notas y otros apuntes no publicados.

Seyn —escrito con una *y*— es el trasfondo que permite que las cosas (o entidades) puedan descubrirse y alcanzar una presencia estable y perdurable. Este trasfondo es dinámico y está sujeto a cambios. Para que haya cosas estables y duraderas, Heidegger cree que debe ser posible dotar de cierta estabilidad al flujo caótico o al juego infinito de las relaciones que constituyen el mundo. En lugar de postular la existencia de una causa primera o fundamento último (*Grund*) que pudiera fijar y establecer las relaciones definitivas que determinan todas las demás cosas, Heidegger argumenta que esa estabilidad (*Beständigkeit*) es posible gracias a una ausencia positiva. Quizás la mejor manera de hacerse una idea de cómo Heidegger entiende *Seyn* es contrastarlo con su caracterización de la comprensión metafísica del ser. La cuestión metafísica del ser gira en torno a la pregunta: «¿qué es un ente?». Pero al hacer esta pregunta, el pensamiento metafísico comienza demasiado tarde: observa la manera en que las cosas ya han sido constituidas como tales y luego abstrae sus características para llegar a un concepto general de ser (*Sein*). *Seyn*, en contraste, es más primordial que cualquier cosa existente. Es aquello que primero permite que las cosas se manifiesten como lo que son. En el enfoque metafísico, el ser se piensa de dos maneras diferentes: ya sea como la causa más alta que produce todo lo demás, o como la categoría más general y universal. *Seyn*, por el contrario, no es ni una causa ni una categoría y, por tanto, no puede ser descubierto investigando las propiedades de las entidades.

Solicitabilidad (*Bestellbarkeit*). La palabra alemana *Bestellbarkeit* se traduce habitualmente como «disponibilidad de pedidos», «capacidad de ser pedido», «posibilidad de solicitar». *Bestellbarkeit*, que en inglés se traduce como *orderability* y en italiano como *ordinabiltà*, refiere a la cualidad de un producto, bien de consumo o servicio de poder ser pedido, solicitado, ordenado, encargado o requerido. En otras palabras, *Bestellbarkeit* remite a la capacidad de algo para ser solicitado, pedido, encargado, ordenado o demandado. En algunas traducciones castellanas de Heidegger, *Bestellbarkeit* se vierte como «disponibilidad». Pero disponibilidad se refiere preferentemente a los bienes, servicios, productos o recursos que pueden ser utilizados por una persona en un momento y, por tanto, deja en un segundo plano la posibilidad de realizar un pedido, encargar una pieza, requerir un servicio o solicitar un recambio. En este sentido, *Bestellbarkeit* amplía el aspecto de disponibilidad y facilidad con la que un producto, un bien de consumo, un servicio, una pieza, un repuesto o una materia prima pueden ser adquiridos por medio de un encargo o un pedido. A la luz de estas observaciones y en sintonía con el criterio empleado a la hora de traducir *bestellen* como «solicitar» y *bestellbar* como «solicitable», traducimos *Bestellbarkeit* como «solicitabilidad», si bien en ciertos pasajes también recurrimos a «capacidad de ser pedido» y, de manera excepcional, a «ordenabilidad» o «disponibilidad».

Solicitable (*bestellbar*). La palabra alemana *bestellbar* se traduce generalmente como «que se puede pedir (encargar, ordenar o solicitar)» o «disponible para ser pedido». Dependiendo del contexto, «solicitable», «disponible», «ordenable», «pedible» podrían ser traducciones viables y fieles al texto heideggeriano. Sin embargo, las expresiones «pedible» y «solicitable» no están recogidas ni en el *Diccionario de la lengua española,* ni en el *Diccionario de uso del español* de María Moliner. Esta situación dificulta la posibilidad de encontrar en castellano una raíz común de *bestellen* para poder traducir las variantes de *bestellbar*, *Bestellbarkeit* y *Bestellen*. En italiano resulta más sencillo, pues *bestellen* se traduce como *ordinare* y, a partir de aquí, *bestellbar* como *ordinabile*, *Bestellbarkeit* como *ordinabilità* y *Bestellen* como *l'ordinare*. Resulta tentador recurrir a la propuesta italiana y traducir *bestellen* como «ordenar», *bestellbar* como «ordenable», *Bestellbarkeit* como «ordenabilidad», *Bestellen* como «ordenamiento» (u «ordenación») y *bestellt* como «ordenado». Pero en castellano, la raíz «ordenar» significa «mandar, imponer, dar orden de algo», «colocar algo o alguien de acuerdo con un plan o de modo conveniente». Y, a su vez, «ordenar» y «ordenamiento» tienen un sentido más vinculado a «dar una orden», «mandar», «ordenanza», «conjunto de normas» que al sentido alemán de «pedir», «encargar» o «reservar». De ahí que resulte muy forzado, incluso equívoco, reproducir la solución italiana en castellano. Así las cosas y con el riesgo de crear un neologismo castellano, traducimos *bestellbar* preferentemente por «solicitable» (y, a veces, «disponible», «disponible para ser pedido» o «que puede ser encargado o pedido»), *Bestellbarkeit* por «solicitabilidad» y *Bestellen* por «el solicitar» y «solicitación» (y, en algunos casos, «el acto de solicitar», «la acción de ordenar (o pedir)». Esta opción nos permite conservar la raíz de «solicitar» a costa de forzar un poco la lengua castellana. Véanse también las entradas «solicitabilidad» y «solicitar».

Solicitación (*Bestellen*). Traducimos el verbo sustantivado *Bestellen* por «el solicitar» y en algunos pasajes como «solicitación», «la acción de pedir (o solicitar)», «el acto de pedir (o encargar)», «la acción de ordenar». A título ilustrativo, *Bestellen* se traduce en inglés como *requestioning*, en italiano como *l'ordinare* y en francés como *imposition*. Véase también la entrada «solicitar».

Solicitar (*bestellen*). En el caso de *bestellen* y las diferentes variantes de *bestellbar, Bestellbarkeit, bestellfähig, Bestellen* y *Bestellung* nos encontramos ante uno de los conceptos centrales de la conferencia *El engranaje*. El verbo *bestellen* significa «encargar», «ordenar», «pedir», «reservar», «cursar un pedido», «disponer», «solicitar», «requerir». Así, por ejemplo, en alemán tenemos las expresiones *Bestellbuch* («libro de pedidos»), *Bestelliste* («lista o relación de pedidos») y *Bestellnummer* («número de pedido»). En inglés suele utilizarse *request*, en italiano *ordinare* y en francés *commander*. En primera instancia cabría la posibilidad de traducir *bestellen* como «disponer» en el sentido de estar listo para usar en contextos donde se refiere a que algo está disponible para su uso inmediato y, por tanto, algo que se puede solicitar, pedir u ordenar en todo momento. Pero esta opción nos obligaría a traducir el verbo sustantivado *Bestellen* como «disposición» creando una confusión con el verbo *stellen* («colocar», «poner», «disponer») y la sustantivación de *Stellen* que aquí traducimos precisamente como «disposición». Además, el texto de Heidegger recalca la idea de que en el marco del engranaje existe la posibilidad de cambiar unas piezas por otras y, sobre todo, de encargar piezas de repuesto, requerir fuentes de energía, pedir recursos naturales o solicitar fuerza de trabajo. Por eso «disponer» —que se utiliza más en el sentido de tener la capacidad para utilizar o manejar un recurso o colocar algo en un orden y una situación convenientes— no llega a reproducir el sentido y el matiz que Heidegger quiere imprimir a su texto.

A la vista de estas aclaraciones, nos inclinamos por la solución de «solicitar»: no en el sentido de «hacer una petición formal o reclamación ante alguien», de «rellenar una solicitud o instancia», de «urgir, instar de manera respetuosa», sino de «pedir algo o requerir la provisión de un bien, servicio o mercancía», de «tratar de obtener, encargar, ordenar un producto o una pieza de recambio». Así sucede —como señala Heidegger en diferentes pasajes de *Mirada en lo que es*— con el carbón, la madera de los bosques, la maquinaria agrícola o los vehículos de transporte. Además, «solicitar» nos permite mantener la misma raíz de las expresiones *bestellbar* («solicitable») y *Bestellbarkeit* («solicitabilidad»). En ciertos pasajes recurrimos a «ordenar y solicitar», «pedir», «hacer un pedido (o encargo)». Y, puntualmente, echamos mano de «ordenar»: no en el sentido militar de «mandar, imponer o dar una orden», ni en el sentido administrativo de «ordenar la revisión de un documento», ni en el sentido organizativo de «colocar, sistematizar, clasificar o disponer algo de acuerdo con un plan», sino en el sentido de pedir una pieza de recambio, solicitar un producto, requerir un servicio o realizar un pedido. De hecho, el fondo permanente se ordena o solicita (*bestellen*) por medio de pedidos (*Bestellung*) y entregas (*Zustellung*). Decir que el fondo permanente (*Bestand*) puede ser pedido, solicitado u ordenado (*bestellbar*) significa que está dispuesto (*gestellt*) de un modo particular para facilitar su circulación, distribución, sustitución y consumo. Como se afirma en el texto, el engranaje (*Ge-Stell*) es lo que facilita la circulación, la distribución, la sustitución y el consumo constantes de las piezas del fondo permanente. El fondo permanente, por tanto, está confinado en un circuito de solicitabilidad (*Bestellbarkeit*), es decir, las reservas y las piezas del fondo permanente no pueden existir fuera de este circuito. A partir de esta aclaración, traducimos *bestellbar* por «solicitable» (y, en algunos pasajes, «ordenable» o «disponible»), *Bestellbarkeit* por «solicitabilidad» (y, ocasionalmente, «disponibilidad» u «ordenabilidad»), *Bestellen* por «el solicitar», «solicitación», «el acto de solicitar», «la acción de ordenar» (o solicitar)», *bestellt* por «solicitado» (y, a veces, «ordenado», «dispuesto» o «requerido») y *Bestellung* por «pedido» («encargo» u «orden»). Véanse también las entradas «engranaje», «fondo permanente» y «solicitable».